ullstein

Das Buch

Es geht nicht ohne Führung, nicht in der Kindererziehung und auch nicht in der Erwachsenenwelt. Denn die Art und Weise, wie wir geführt werden, bestimmt unser Leben. Diese Erkenntnis hat sich in deutschen Unternehmen durchgesetzt, aber nicht im Bereich der Bildung und Erziehung – mit alarmierenden Auswirkungen.

Bernhard Bueb, renommierter Pädagoge und einer der bekanntesten Kritiker des deutschen Erziehungswesens, appelliert an Eltern, Lehrer und Schulleiter, ganz bewusst ihre Führungsaufgaben wahrzunehmen. Kinder und Jugendliche brauchen mehr als nur Begleitung. Sie müssen mit Liebe, Vertrauen und Disziplin gefördert und gefordert werden. Nur so können sie entdecken, was in ihnen steckt, und über sich selbst hinauswachsen.

Der Autor

Bernhard Bueb, 1938 geboren, studierte Philosophie und katholische Theologie. Von 1974 bis 2005 leitete er die Internatsschule Schloss Salem. Er ist verheiratet und hat zwei Töchter. Seine erste Buchveröffentlichung *Lob der Disziplin* löste in Deutschland eine Erziehungsdebatte aus.

Von Bernhard Bueb ist in unserem Hause bereits erschienen:

Lob der Disziplin

Bernhard Bueb

Von der Pflicht zu führen

Neun Gebote der Bildung

Ullstein

Besuchen Sie uns im Internet:
www.ullstein-taschenbuch.de

Umwelthinweis:
Dieses Buch wurde auf chlor- und säurefreiem Papier gedruckt.

Ungekürzte Ausgabe im Ullstein Taschenbuch
1. Auflage Dezember 2009
© Ullstein Buchverlage GmbH, Berlin 2008/Ullstein Verlag
Umschlaggestaltung: Sabine Wimmer, Berlin
Satz: Dörlemann Satz, Lemförde
Gesetzt aus der Centaur
Druck und Bindearbeiten: CPI – Ebner & Spiegel, Ulm
Printed in Germany
ISBN 978-3-548-37309-6

Den Lehrerinnen und Lehrern

»Die Tugenden des *Herrschers* und *Helden*, Klugheit, Gerechtigkeit, Festigkeit und Mut, ragen in seinem Charakter kolossalisch hervor; aber ihm fehlten die sanften Tugenden des *Menschen*, die den Helden zieren und dem Herrscher Liebe erwerben.«

Friedrich Schiller über Wallenstein, in:
Geschichte des Dreißigjährigen Krieges

Inhalt

Vorwort

Über dreißig Jahre war ich als Leiter einer großen Internatsschule führend tätig. Täglich habe ich erfahren, wonach Menschen sich sehnen: nach Anerkennung, nach Zuwendung, nach Ermutigung, nach Wegweisung und nach Gerechtigkeit, kurzum: nach Führung. Diese Sehnsucht bleibt häufig unerfüllt, weil viele Eltern, Lehrer und Vorgesetzte die ihnen anvertrauten Kinder und Erwachsenen nicht führen wollen oder nicht führen können.

In diesem Buch berichte ich von den Erfahrungen, die Führung mit sich bringt, von meinen Erfolgen und von den Grenzen, an die ich gestoßen bin, aber auch von der Anstrengung, die Führung uns abverlangt. Ich beschreibe darüber hinaus die Chancen, die allen winken, die die Segnungen guter Führung genießen dürfen. Und ich erinnere daran, dass Führung eine Frage der Bildung ist.

Der Bildungsnotstand in Deutschland resultiert aus einem Mangel an Führung. Das beginnt in der Familie, setzt sich fort in der Schule, im beruflichen Alltag und endet in der Hochschule und in der Politik. Gerade Politiker glauben zu sehr an Strukturen. Sie meinen, Menschen glücklich machen zu können, indem sie ökonomische, politische und juristische Bedingungen verändern. Es sind aber nicht Strukturen, die das Leben lebenswert machen, sondern Personen. Menschen suchen daher Personen, denen sie vertrauen können und die ihr Vertrauen nicht enttäuschen, weil sie einem humanistischen Menschenbild anhängen und danach leben. Nichts anderes bedeutet Bildung.

Als Helmut Schmidt in einem *Spiegel*-Interview (44/2007) gefragt wurde, ob er zu seiner früheren Aussage, Politik, auch Demokratie, brauche Führung, immer noch stehe, antwortete er: »In der deutschen Sprache ist das Wort ›Führung‹ ein schwieriges Wort, weil es mit dem Substantiv ›Führer‹ und dem Verbum ›führen‹ zusammenhängt. Gleichwohl würde ich dabei bleiben wollen.«

Was für die Politik gilt, trifft auch auf alle anderen Lebensbereiche zu: Wo Menschen zusammenleben und -arbeiten, sind sie auf Führung angewiesen. Da Führung ihrerseits Bildung voraussetzt, müssen wir sie zur Hauptsache Deutschlands erklären.

Mit diesem Buch formuliere ich neun Gebote der Bildung, die neun Gebote der Führung sind. Ich fordere, dass sich Reformen auf die Bildung von Personen konzentrieren sollen, die führen, und nicht auf die Veränderung von Strukturen beschränken dürfen. Das wäre die kopernikanische Wende in der Bildungspolitik.

1

Erkenne dich selbst,
indem du dich bildest!

Der Schulanfang ist ein Versprechen von Glück. Kinder begegnen ihrer ersten Lehrerin oder ihrem ersten Lehrer wie Moses, der sie in das gelobte Land führen wird, in das Land der Bildung. Die Lehrer der ersten Stunde nehmen die Kinder an die Hand und beginnen mit ihnen eine Reise der Entdeckungen. Die Kinder lernen neue Wege der Fortbewegung kennen, Lesen, Schreiben und Rechnen heißen die Vehikel ihrer Forschungsreise. Damit öffnet sich ihnen die Welt auf neue Weise: Sie können die Zeichen der Kultur entziffern und zugleich die ordnende Kraft kultureller Leistungen erkennen. Lesen macht sie unabhängig. Sie können den Weg in die fernen Welten der Prinzen, Feen und Hexen selbst antreten, bisher waren sie auf kundige Erwachsene angewiesen, die ihnen erzählten oder vorlasen. Sie erfahren, wie das geschriebene Wort die Welt ordnet, und wie sie diese Ordnung verstehen und nutzen können, den Fahrplan des Busses zum Beispiel, die Gebrauchsanleitung eines Spielzeugs, die Botschaften auf Plakaten oder die Informationen in der Fernsehzeitschrift. Rechnen können heißt einkaufen können, die Zeit einteilen lernen, die Tage bis Weihnachten zählen oder sein Taschengeld verwalten können. Schreiben können schließlich erweitert den Radius der Mitteilung, Briefe oder E-Mails lassen sich verschicken und die Erinnerung kann schriftlich bewahrt werden.

Wissen wandelt sich zu Bildung, wenn Kinder und Jugendliche beim Entdecken der Welt sich selbst entdecken. Wenn sie lesen, Theater spielen, malen, rechnen, schreiben, Sport treiben oder musizieren, lernen sie, die Welt besser zu verstehen. Sie erfahren, dass sie die Welt verändern können, dass sie sich dabei selbst verändern und dass das Vertrauen in ihre eigenen Kräfte wächst. Bildung wird dann zur Richtschnur ihres Handelns, sie liefert den Kompass ihrer zunehmenden Unabhängigkeit und Selbstständigkeit. Werde, der du bist!, lautet die Maxime, der sie folgen sollen. Wer in sich ruht, weil er zu sich gefunden hat, wird sich anderen Menschen zuwenden können und ihre Zuwendung beglückend erfahren.

Sich zu bilden heißt, sich durch Erkenntnis die Welt zu eigen zu machen, dadurch zu Selbsterkenntnis zu gelangen und aus begründeter Einsicht im persönlichen und öffentlichen Leben handeln zu können. Das erfordert Anstrengung. Platon hat den Weg der Bildung in seinem Höhlengleichnis — nachzulesen im siebten Buch seines Hauptwerkes *Der Staat* — als einen Weg der Läuterung beschrieben, der einem Aufstieg aus dem Dunkel einer Höhle zum Sonnenlicht gleicht, um zur Schau der Idee des Guten zu gelangen. Der Weg ist deswegen so mühselig, weil er ein Weg aus der Gefangenschaft unserer selbstbezogenen Wünsche und Vorurteile ist in die Freiheit des Denkens. Sich von Gewohnheiten und Bequemlichkeiten des Denkens und Handelns abzuwenden, ist ein langwieriger, oft schmerzlicher Prozess. Immanuel Kant wird später, im Zeitalter der Aufklärung, den »Ausgang aus der selbstverschuldeten Unmündigkeit« als Fundament von Bildung fordern. Jeder solle lernen, sein Leben nach den Grundsätzen der Vernunft selbst zu bestimmen. In der christlichen Tradition dominierte die Charakterbildung. Seelenführung und Seelsorge waren Teil der Bildung.

Schon immer wurde die Vorstellung von dem, was Bildung sein soll, durch Überlegungen der Nützlichkeit eingeengt. Heutzutage sind wir dieser Gefährdung erlegen. Unter Bildung verstehen wir oft nur noch die Ausbildung, die auf den Beruf vorbereiten soll. Das Ziel von Bildung, seinen Charakter nach einem humanistischen Menschenbild zu formen, sich durch Selbsterkenntnis finden zu können und daraus Impulse für das eigene Handeln zu gewinnen, tritt in den Hintergrund. Das liegt daran, dass die deutsche Halbtagsschule eine Belehrungsschule ist, und wir dazu neigen, unter Bildung vornehmlich akademische Bildung zu verstehen. Bildung sollte jedoch immer die Einheit von akademischer Bildung und Charakterbildung bedeuten. Die Angelsachsen sprechen von *education*, sie fassen beides in einem Begriff zusammen.

Unsere Unart, Bildung auf Ausbildung zu reduzieren, wird in unserer Zeit durch die Globalisierung beschleunigt. Wer im internationalen Wettbewerb reüssieren will, wird sich durch Ausbildung, vor allem durch wissenschaftliche Schulung, exzellent wappnen, um eine lukrativ dotierte Stellung zu bekommen. Der Anspruch, Bildung als »allgemeine Menschenbildung« zu praktizieren, die zu individueller Selbstbestimmung nach allgemeinen Einsichten führen soll, wie sie Wilhelm von Humboldt gefordert hat, findet keine Freunde mehr.

Die Väter aller Bildung – von Platon über Paulus, von christlichen Seelenführern bis zu Kant, Schiller, Goethe, Humboldt und Nietzsche – ha-

ben den Primat der Persönlichkeitsbildung ver-
kündet. Auch große Bildungsreformer und Erzieher des 20. Jahrhunderts – wie Rudolf Steiner, der
Gründer der Waldorfschulen, Maria Montessori
mit ihrer Botschaft an Lehrer und Eltern, Kinder
zu individueller Selbständigkeit zu führen, oder
Hermann Lietz, der Gründer des ersten Lander-
ziehungsheims – kämpften für mehr Charakterbildung und eine ganzheitliche Erziehung. Auch
sie sprachen von Menschenbildung und wollten
die Schule aus ihrem akademischen Gefängnis befreien.

Wie sehr sich die Menschen nach Bildung im
traditionellen Sinn sehnen, zeigt sich heute in der
weit verbreiteten Suche nach Selbstverwirklichung
und Sinnerfüllung. Die Fragen der Religion lassen
den Menschen keine Ruhe. Sie wollen Antworten,
sie wollen wissen, woher sie kommen und wohin
sie gehen, wie der Tod zu deuten sei und vielleicht
sein Grauen verliert, weil er einen Übergang zu
neuem Leben verspricht, und Leiden erträglich
wird, weil es einen Sinn erhält. Sie laufen Heils-
botschaftern hinterher, sie basteln sich ihre kleinen Sinnwelten aus christlichen und fernöstlichen
Religionen selbst zusammen. Jedoch nur durch
Bildung gewinnen wir Kriterien, um die Spreu
vom Weizen zu trennen. Gerade ein religiöser
Glaube verlangt die Anstrengung des Denkens,

damit man nicht unlauteren Heilsbringern verfällt.

Bildung macht den Menschen zum Menschen. Dabei dürfen wir Bildung nicht mit der sogenannten »höheren« Bildung gleichsetzen. Auch Grundschule und Hauptschule sollten Orte der Bildung sein.

Bildung braucht Führung. Wir Erwachsenen müssen Kinder und Jugendliche an die Hand nehmen, damit die Menschlichkeit ihr Lebenskompass wird, und sie als tätige Menschen wissen, wohin ihr Weg sie führen soll.

Führung ihrerseits braucht Bildung. Wer führt, sollte wissen, warum und wohin er Menschen führen soll. Er sollte begründen können, warum er einem bestimmten Menschenbild folgt, er sollte über sich nachdenken können und über genügend Selbsterkenntnis verfügen, um seine charakterlichen Stärken und Schwächen einzuschätzen. In archaischen Gesellschaften mögen die Menschen noch instinktiv gewusst haben, wie man ein Kind großzieht, wie man eine Familie oder eine Horde führt. In unserer komplizierten Welt genügt Instinkt nicht zur Führung. Bildung und Führung bedingen sich wechselseitig.

Mangelnde Führungskultur an unseren Schulen erklärt dort manches Defizit. Lehrer müssen weitgehend auf die Segnungen von Führung verzichten, sie finden selten Schulleiter, die ihre Leistung anerkennen, gemeinsam mit ihnen Ideen erarbeiten und sich die Mühe machen, ihre Arbeit zu kontrollieren, um sie loben oder kritisieren zu können.

Die Bildungskrise resultiert daher auch aus einem Mangel an Führung. Eltern, Erzieher, Lehrer und Schulleiter haben Führungsaufgaben, sie sind sich dessen aber oft nicht bewusst, sie wollen oft nicht führen, ihnen fehlt die Bildung, um zu führen, oder sie sind ihrer Führungsaufgabe nicht gewachsen. In der UN-Kinderrechtskonvention von 1989 wurden unter anderem die Rechte und Pflichten von Eltern beschrieben: Es sei Aufgabe der Eltern, »das Kind bei der Ausübung der in diesem Übereinkommen anerkannten Rechte in einer seiner Entwicklung entsprechenden Weise angemessen zu leiten und zu führen« (Artikel 5).

Das Fundament der Bildung legt die Familie. Ein Kind kann sich glücklich schätzen, wenn seine Eltern Herzensbildung, Charakterbildung und akademische Bildung welchen Grades auch immer in ihrer Person verbinden.

Bildung bedeutet auch, die Beziehungen zu anderen Menschen gestalten zu können. Erzieherinnen und Erzieher, Lehrerinnen und Lehrer begleiten Kinder auf dem schwierigen Weg, sich in einer Gemeinschaft zurechtzufinden, Gleichaltrige zu achten, sich aber auch unter Gleichaltrigen behaupten zu können. Die Kinder wiederum erfahren unter ihrer Obhut, wie man Konflikte lösen kann. Sie lernen, eigene Interessen zugunsten gemeinsamer Interessen zurückzustellen; sie erfahren, dass es Kinder gibt, denen alles gelingt, und andere, die ungeschickt agieren; sie erleben, wie willkürlich Begabung und Wohlstand verteilt sind. Märchen, biblische Geschichten und Kinderbücher erzählen Kindern, wie sich Beziehungen deuten, und Konflikte meistern lassen.

Lehrerinnen und Lehrer zeigen ihnen Wege, wie man mit Niederlagen und Versagensängsten umgeht, sie ermutigen sie, zu lernen, an sich selbst zu glauben und Vertrauen in die eigenen Kräfte und Begabungen und dadurch auch Vertrauen in die Welt zu gewinnen.

Gegen den Einfluss von Fernsehen, Computerspielen und Internet können sich Kinder und Jugendliche nur wehren, wenn Bildung ihnen erlaubt, Distanz zu diesen Medien zu gewinnen und sie zu durchschauen. Nur so können sie sich unabhängig machen von den verführerischen Lebens- und Verhaltensmustern dieser künstlichen, zweiten Welt.

Klaus fiel durch seine Normalität auf: Er war durchschnittlich begabt, kam aus einem Elternhaus, das einen unkonventionellen Lebensstil pflegte – großzügig und ein wenig unordentlich ging es dort zu –, seine Interessen galten dem

Sport, der Musik, er las gern und vor allem verbrachte er viel Zeit mit Gleichaltrigen. Ansehen gewann er bei seinen Freunden, weil er, gescheit und doch ganz unintellektuell, eine innere Unabhängigkeit ausstrahlte: Wie er sich anzog, welche Meinungen er vertrat, wie er anderen begegnete und jeden gelten ließ, immer tat er das, was er für richtig hielt, aber ohne selbstgerechte Geste oder moralinsaure Miene. Lebenslustig, witzig, zu Streichen aufgelegt, die niemandem schadeten, schien er unbeschwert zu leben. Er ruhte in sich und konnte außer sich geraten, wenn er glaubte, dass jemandem Unrecht geschah.

Viele seiner Freunde kamen aus wohlhabenden Familien, seine Familie war, was das Einkommen der Eltern betraf, untypisch für die Gegend. Sie wohnte zur Miete. Insignien des Reichtums, die sich im Lebensstil, in der Kleidung oder den Interessen seiner Freunde ausdrückten, kümmerten ihn nicht. Ohne Neid, ohne Ressentiment und ohne eine bescheidene Lebensform betont zu kultivieren, bewegte er sich in der Welt der Wohlhabenden.

Seine Eltern hatten ihm das Beste mitgegeben, was sie besaßen: Bildung, nicht so sehr die akademische Bildung, sondern die Herzensbildung, den Mut, zu sich zu stehen und dadurch unabhängig zu werden. Innere Unabhängigkeit gewinnt ihren

Wert durch den Sinn, dem sie dient. Nur Bildung, also Urteilsvermögen, das einem gewachsenen Selbstvertrauen entspringt, kann Lebenssinn schaffen und unabhängig machen von den Verführungen der Welt.

Bildung ist daher eine »feste Burg« gegen einen weiteren, mächtigen Feind des Aufwachsens, unseren Wohlstand. Den Propheten des Materialismus, die als Ikonen des Reichtums vor allem im Fernsehen ihre Glücksbotschaften verkünden, ist nur der gewachsen, der Herzensbildung mit Urteilsvermögen verbindet. Wer diese innere Unabhängigkeit erwirbt, wird durch Auseinandersetzung mit den großen Werken der Literatur, Philosophie und Geschichte, die sich mit Recht so ausführlich mit den Verführungen des Reichtums und seiner Laster wie Neid, Habsucht und Geiz befassen, Bestätigung und Ermutigung erfahren.

Wir wissen aus leidvoller Erfahrung, wie schnell das Glück des Schulanfangs in Unglück umschlagen kann, wenn Lehrer oder Erzieher ihrer Aufgabe nicht gewachsen sind, wenn sie ohne liebende Zuwendung, ohne Achtung vor Kindern, ohne Humor und überhaupt ohne menschliches Format Macht über Kinder ausüben. Denn die Autorität liebender Zuwendung kann schnell in Macht umschlagen und Angst erzeugen, wenn Lehrer die eigene, vielleicht eigenwillige Persönlichkeit von

Kindern nicht respektieren, sie nach ihrem Schema formen, gar abrichten und nicht in die Selbstständigkeit führen wollen.

Ob sich beim Aufwachsen die Waage zum Glück oder Unglück neigt, hängt in hohem Maße von der Person der Lehrerin oder des Lehrers ab. Ihren Einfluss auf die psychische und intellektuelle Entwicklung eines Kindes unterschätzen Lehrer oft. Lehrer können Garanten der Chancengerechtigkeit sein, oder sie können sie verhindern. Sie können Defizite der Familie korrigieren oder verstärken. Sie können das Selbstwertgefühl eines Kindes fördern, oder sie können es schwächen.

Gute Lehrer werden sich auch emotional auf Kinder einlassen. Kinder sollten Lehrern nicht nur als »Respektspersonen«, sie sollten ihnen freudig erregt begegnen dürfen, sie »anhimmeln« können. Ihre Gefühle sollen durch die Gegenwart des Lehrers in Bewegung geraten. Kinder für eine Sache zu begeistern, gehört zum Auftrag eines jeden Lehrers. Wenn ein junger Mensch in seiner Schulzeit nie in Wallung geraten ist, weil eine Lehrerin oder ein Lehrer die Leidenschaft für eine Sache in ihm geweckt hat, dann ist er um eine Erfahrung betrogen worden, die das Aufwachsen reicher macht. Begeisterung und Leidenschaft verankern Bildung in unseren Herzen.

Lehrer müssen die Leidenschaft für Bildung in

Kindern, ihre *grande passion* in ihnen wecken. Sie müssen es umso mehr, je weniger Eltern diesen Auftrag erfüllen. Lehrer sollten aber auch Menschen zum »Anfassen« sein, sie sollten als Menschen mit Freud und Leid, ihren Vorzügen, ihren Hobbys, ihren exzellenten und kauzigen Seiten erfahrbar sein, sie sollten als Freund und Berater erscheinen.

Welch ein Beruf! Welches Schicksal kann es für ein Kind oder für einen Jugendlichen bedeuten, den richtigen Lehrer zur richtigen Stunde zu finden oder zu verfehlen. Welche Verantwortung trägt ein Lehrer, welches hohe Gut vertrauen ihm Eltern an. Wie oft wissen Lehrer nicht, welche maßgebende Rolle sie im Leben eines jungen Menschen spielen.

Wenn wir an Lehrer denken, sollten wir an Leidenschaft denken, an Autorität und Vorbild. Sokrates sollte uns einfallen, den sein Schüler Alkibiades sich zum Vorbild erkor. Man lese noch einmal Platons *Symposion* und erfahre auf diese Weise, wie Sokrates die schöpferischen Kräfte des Jünglings Alkibiades weckte. Sokrates ist ein Lehrer, der sich seinem Schüler mit Zuneigung und Respekt zuwendet. Wenn der Autorität des Lehrers die Zuneigung zu Kindern und Jugendlichen fehlt sowie der Respekt vor ihnen, wirkt sie lähmend; manchmal erzeugt sie Angst.

Junge Menschen zu führen, heißt auch, die rechte Mitte zwischen Nähe und Distanz zu Kindern und Jugendlichen zu finden. Wie oft lassen sich Lehrer in die eine oder andere Richtung verführen. Die einen lassen sich zu sehr auf junge Menschen ein, wecken Erwartungen, die sie nicht erfüllen können, oder verschrecken sie durch zu große Nähe; andere, oft sehr moralische Lehrer, wagen keine Nähe, äußern keine Gefühle, wahren ängstlich die Distanz und versäumen die Chance, die jungen Menschen emotional zu erreichen.

Es gehört zu den großen Missverständnissen des Lehrerberufs, dass es vor allem auf die didaktisch richtige Aufbereitung des Unterrichts ankomme, dass man die richtigen Fragen stellen und die richtigen Antworten herauslocken müsse, dass es auf die Worte ankomme und nicht so sehr darauf, zu begeistern und Gefühle in Bewegung zu bringen. Darin liegt die Ursache eines der größten Übel landläufigen Unterrichts, nämlich Langeweile.

Der Vielfalt der Temperamente von Kindern und Jugendlichen sollte eine Vielfalt von Temperamenten der Lehrer entsprechen. Jeder Schüler sollte »seinen« Lehrer finden dürfen, den er als sein Vorbild wählt, weil er ihn fasziniert. Nicht jeder Lehrer muss sich zur Ikone eines jeden Schülers eignen, es genügt, wenn ein Schüler einen Lehrer an seiner Schule findet, dem er vertraut, dem er nachstrebt und auf den er sich freut. Es kann ein Lehrer sein, der in einem Schüler die Leidenschaft für einen Gegenstand geweckt oder ihm den entscheidenden Anstoß für seine Berufswahl gegeben hat, oder ein Lehrer, der dem Schüler geholfen hat, an sich selbst glauben zu lernen, weil er an diesen Schüler geglaubt hat. Kein Kind geht verloren, an das ein Lehrer glaubt!

Wie oft verlieren Kinder und Jugendliche die Freude am Lernen, weil sie mit einer Lehrerin oder einem Lehrer nicht können, wie sie sagen, weil Sympathie und emotionale Akzeptanz fehlen, weil eine kühle Distanz und Sachlichkeit alle persönlichen Regungen verdrängen. Gerade bei vernachlässigten Kindern, deren Aufwachsen in den ersten Jahren nicht vom Glück der Zuwendung liebender Eltern begleitet wurde, können Lehrer nachholen, was früh versäumt wurde, nämlich das Selbstwertgefühl der Kinder zu stärken.

Wenn Eltern die richtige Schule für ihr Kind suchen, sollten sie vor allem die Lehrerin oder den Lehrer kennenlernen, die oder der die nächsten Jahre ihr Kind betreut. Ob es sich um eine öffentliche oder private Schule handelt, ob die Schule eine originelle Pädagogik vertritt oder eher konventionell arbeitet, spielt keine so große Rolle wie die Person des Lehrers. Man kann annehmen, dass engagierte Lehrer, die ihren Beruf als Berufung sehen, von Schulen mit besonderem pädagogischen Profil angezogen werden. Privatschulen wählen ihre Lehrer vielleicht kritischer aus, weil sie unter erheblichem Konkurrenzdruck stehen. Es gibt jedoch so viele kindgerecht arbeitende Lehrer an öffentlichen Schulen, die die ihnen anvertrauten Kinder liebevoll und kundig ins Land der Bildung führen, dass Eltern zunächst vertrauensvoll die Schule um die Ecke prüfen sollten. Entscheidend bleibt allerdings, in welchem Umfeld ein engagierter Lehrer arbeiten darf oder muss: Wer ist der Leiter der Schule, wie kinderfreundlich arbeiten die anderen Lehrer, inwieweit dominiert pädagogische Phantasie oder verwaltende Pädagogik?

Frau S. war eine begnadete Grundschullehrerin, sie besaß den Blick für die unverwechselbare, nicht immer leicht zu erkennende Besonderheit von Kindern. Sie beherrschte meisterlich die Kunst, goldene Schätze verschütteter Begabungen zu heben, die unter verhuschtem, ängstlichem oder auch forschem Verhalten verborgen lagerten. Sie liebte ihre Kinder, und die Kinder fühlten sich geliebt. Zugleich forderte sie Aufmerksamkeit, Mitarbeit, Sorgfalt und Anstrengung. Sie war erstaunlich konsequent, sie ließ keine Schlamperei durchgehen und erzeugte bei den Kindern Respekt für gewissenhaftes Arbeiten, der zur Grundlage ihres

Erfolges wurde. Das Selbstvertrauen der Kinder wuchs durch ihr Können.

Der Unterricht von Frau S. fiel nicht durch besonders originelle oder phantasievolle Methoden auf, aber durch unkonventionelle Beurteilung der Kinder. Unzureichende Rechtschreibung oder Versagen im Rechnen erhöhte ihre Zuwendung. Sie verteidigte Kinder, die nicht mit dem normalen Arbeitsrhythmus zurechtkamen. Damit stieß sie nicht auf Gegenliebe bei Kollegen, schon gar nicht beim Schulleiter. Darunter litt sie. Die Lehrer dieser Grundschule neigten zu schematischer Beurteilung von Kindern, weil sie über zwei Jahrzehnte von einem verwaltenden Schulleiter geprägt wurden, dessen Pädagogik sich darin erschöpfte, Kinder nach der Grundschule entsprechend ihren messbaren Leistungen auf die Hauptschule, Realschule oder das Gymnasium zu verteilen. Frau S. hielt diesen Stil ein paar Jahre aus und ließ sich dann auf eine andere Schule versetzen, deren Schulleiter sie als fürsorglichen Pädagogen kennengelernt hatte. Dieser Wechsel bewahrte sie vor einer psychischen Krise. Es gibt nicht wenige Lehrerinnen und Lehrer wie Frau S. Sie verkümmern an Schulen, deren Leiter Pädagogik mit Verwaltung verwechseln, weil ihr Handeln von keiner pädagogischen Idee geleitet wird.

Lehrer sollten sich früh bewusst werden, dass

sie führen müssen, dass bilden führen heißt. Alle Eigenschaften, die einen guten Unternehmensführer oder Schulleiter auszeichnen, sollte auch ein Lehrer besitzen. Die Führung einer Klasse entspricht in Struktur und Anspruch der Führung eines Unternehmens, auch des Unternehmens Schule. Lehrer sollten daher in die »Kunst des Führens« eingewiesen werden. Da Schulen von Schulleitern häufiger verwaltet werden, es daher an Führung mangelt, fehlen Lehrern die Vorbilder, an denen sie sich orientieren können.

Lehrer sollten für ihr Recht auf Führung kämpfen wie für ein Menschenrecht. Dieses Recht kennt zwei Aspekte, nämlich selbst Führung als eine wohltuende Form der Anerkennung erfahren und andererseits Klassen nach allen Regeln der Kunst führen zu dürfen. Dieses Recht können Lehrer aber nur erwerben, wenn sie Führung auch als Pflicht erkennen und bereit sind, ihr Selbstverständnis zu ändern. Dafür müssen sie ihre Klassenzimmer öffnen, aus ihrer Vereinzelung heraustreten, zusammenarbeiten, ihre Arbeit bewerten lassen und sich dem kritischen Urteil ihres Schulleiters öffnen. Zugleich bedarf die Rolle des Schulleiters einer neuen Definition. Er muss sich zur Pflicht zu führen bekennen.

Wer akademische Bildung und Charakterbildung als Einheit sieht, und wer akzeptiert, dass bilden führen heißt, wird für ein anderes Selbst-verständnis von Lehrern und Schulleitern eintre-ten. Wir – Eltern, Erzieher, Lehrer und Schullei-ter – müssen zuallererst von der Bildungspolitik einfordern, eine Führungskultur im Bereich von Bildung und Erziehung zu entwickeln.

2

Menschen brauchen Führung

Die Jugendlichen genossen ihr Zusammensein wie eine Droge. Die Gemeinschaft befriedigte ihre Sehnsucht nach Kontakt, nach Geborgenheit in der Gruppe und nach Spannung, die das fortwährende Ringen um Anerkennung und das tägliche Verwirrspiel der Beziehungen mit sich brachten. Sie kamen weitgehend aus geordneten Verhältnissen und hatten sich freiwillig für das Sommerlager gemeldet. Das offizielle Programm, dem sie willig folgten, erlebten sie als Unterbrechung ihres manchmal doch recht narzisstischen Gruppenlebens. Die Betreuer organisierten Unternehmungen vielfältiger Art und registrierten Zufriedenheit und Wohlbefinden.

Es war eine nette Veranstaltung. Aber die angebotenen Aktivitäten stellten keine Herausforderungen dar, an denen die Jugendlichen wachsen konnten, sie führten sie nicht an ihre Grenzen.

Die Betreuer begnügten sich damit, die jungen Menschen zu betreuen. Wohlfühlen hatte Vorrang vor Leistung. Kurzum: Es mangelte an Führung. Die Betreuer hatten keine klaren Ziele vereinbart, um das Selbstvertrauen der Jugendlichen zu stärken. Sie handelten nicht erwachsen, denn sie erfüllten den Auftrag nicht, den ihre Erfahrung und ihre Stellung mit sich brachten, nämlich junge Menschen durch fordernde Aufgaben aus ihrem selbstzufriedenen Gruppenleben zu befreien, sie entdecken zu lassen, dass mehr in ihnen steckt, und sie dahin zu führen, dass sie mehr aus ihren Begabungen machten.

Führen heißt leiten, planen, koordinieren, delegieren und kontrollieren. Dies setzt immer ein Gefälle voraus zwischen demjenigen, der aufgrund seiner Erfahrung, seines Alters oder seiner Stellung Macht besitzt, und denen, die geführt werden und weniger erfahren und weniger mächtig sind. Trotzdem ist Führung eine dienende Aufgabe, denn der Führende dient mit seiner Tätigkeit sowohl einem guten Zweck, als auch denen, die er leitet. Darin liegt die Rechtfertigung seines Führungsanspruchs. Gepaart mit der Legitimation, ihn umzusetzen − sie ergibt sich aus der Liebe, der Kompetenz, der Erfahrung und der rechtlichen Stellung des Betreffenden −, erlangt er das Recht, Macht über andere auszuüben. Das ist

Autorität. Denn Autorität ist rechtmäßig ausge-
übte Macht.

Die natürliche Macht von Eltern wandelt sich
zu Autorität durch die Liebe zu ihren Kindern, die
Macht von Lehrern durch ihren Willen, junge
Menschen das Lernen zu lehren, die Macht von
Vorgesetzten durch ihre legitime Berufung und
ihren Auftrag, Mitarbeiter zu gemeinsam vereinbarten Zielen zu führen.

Nach Max Weber ist Macht »jede Chance,
innerhalb einer sozialen Beziehung den eigenen
Willen auch gegen Widerstreben durchzusetzen,
gleichviel, worauf diese Chance beruht«.* Macht
ist – das möchte ich hinzufügen – kein Wert, sie ist
ein Mittel. Sie ist daher weder gut noch böse, sie
erhält ihren Wert erst durch den Zweck, dem sie
dient. Die Kunst des Führens besteht darin, den
eigenen Willen nicht gegen Widerstreben, sondern
mit Zustimmung der Geführten durchzusetzen,
sonst handelt es sich um Herrschaft. Es genügt
nicht, wenn Macht nur institutionell begründet ist.
Dann verleiht sie lediglich die Befugnis, kraft eines
Amtes durchzusetzen, was eine Person für richtig
hält. Diese »Amtsautorität« ist eine notwendige,
aber nicht hinreichende Bedingung für Führung.

* Max Weber: *Wirtschaft und Gesellschaft.* Hrsg. von Johannes
Winkelmann, Tübingen 1972, S. 28.

Das ist vielmehr die klare Entscheidung, führen zu wollen. Viele Menschen wollen nicht führen und werden deswegen auch nicht führend tätig. Leider sind aber sehr viele Menschen führend tätig, obwohl sie nicht führen wollen: Eltern, Erzieher, Lehrer, Politiker, selbst Unternehmer und Schulleiter. Es resultiert ebenso viel Leiden aus mangelndem Führungswillen wie aus der Unfähigkeit zu führen oder gar dem Missbrauch von Führung. Führungsschwäche aus mangelndem Führungswillen kann Ungerechtigkeit, Planlosigkeit, Unsicherheit, Disharmonie und vor allem Fatalismus erzeugen. Sie ist so schwer zu bekämpfen, weil sich Vorgesetzte oft nicht eingestehen, dass sie gar nicht führen wollen. Manche rechnen es sich sogar als Tugend an, der Verführung der Macht nicht zu erliegen.

Wer führen will, sollte zu Beginn seiner Führungstätigkeit die Machtfrage klären. Wer sich nicht durchringen kann, ja zur Macht zu sagen, die eine Führungsaufgabe mit sich bringt, wird sie schwerlich erfolgreich meistern können. Ja, er wird sich selbst belügen, denn Führen, ohne Macht auszuüben, ist gar nicht möglich. Erst Macht gewährleistet, dass sich Ideen verwirklichen lassen, und wir die Welt gestalten können.

Enja Riegel führte zwei Jahrzehnte die HeleneLange-Schule in Wiesbaden und machte sie zu einer Vorzeigeschule Deutschlands. Als Schulleiterin konnte sie ihren Willen durchsetzen, sie tat dies aber nicht gegen den Widerstand ihrer Mitarbeiter, sondern mit deren Zustimmung. Ihr war bewusst, dass sie, als sie ihre Tätigkeit als Schulleiterin aufnahm, zuerst die Machtfrage klären musste. Das wurde ihr nicht leicht gemacht, denn die Mitarbeiter verweigerten ihr zunächst die Zustimmung. Sie ließ sich nicht entmutigen, sondern reagierte ideenreich und konfliktbereit. Mit klarem Führungsanspruch, Geschick und Charisma begeisterte sie schließlich die Mitarbeiter für die Idee einer kindgerechten Schule.

Enja Riegel beherrscht die Kunst des Führens. Sie kann für sich nicht nur das Verdienst in Anspruch nehmen, einer verzagten Welt von Pädagogen vorgemacht zu haben, wie Schule gelingen kann, sie hat auch all den verwaltenden, führungsunwilligen Schulleitern gezeigt, wie man durch beherzte Führung eine ganz normale Staatsschule verändern kann.

Die Erfolgsgeschichte der Helene-Lange-Schule ist die Geschichte erfolgreicher Führung. Zu glauben, es genüge, das pädagogisch einleuchtende Modell dieser Schule zu übernehmen, um die eigene Schule zu verbessern, ist falsch. Nur mit einer Führungspersönlichkeit an der Spitze, die ihr Handwerk beherrscht, wird dieses Modell auch anderswo erfolgreich sein. Es ist typisch, dass öffentlich weitgehend nur die pädagogischen Inhalte dieser Reformschule diskutiert, die Führungsqualitäten von Enja Riegel aber kaum thematisiert werden.

Eine Führungsposition berechtigt, Weisungen zu erteilen. Das ist nicht so einfach, wie es klingt. Entschlusskraft und Empathie sind gefragt, denn der Geführte soll die Anordnung innerlich akzeptieren können, auch wenn er sie nicht einsieht. Es lässt sich nicht vermeiden, dass eine Mutter, ein Lehrer oder ein Vorgesetzter auch nach Beratung mit den ihnen Unterstellten eine Entscheidung trifft und anordnet: So wird es gemacht. Ein Kind soll dann seinen Eltern gehorchen, ein Fußballspieler den Anordnungen des Trainers folgen und das Orchestermitglied sich den Anweisungen seines Dirigenten unterordnen. Ob man von Gehorchen, Unterordnen, Folgen oder Einordnen spricht, als Reaktion wird erwartet, dass der Wille des Vorgesetzten erfüllt wird. Niemand darf daher Anweisungen geben, die die Würde desjenigen verletzen, der sie befolgen soll. Viele Kränkungen resultieren aus dem Stil eines führend Tätigen. Jeder folgt einer Anweisung, wenn der Weisungsbefugte authentisch auftritt und sein Gegenüber respektiert.

Die Freude am Führen ist wohl eine Mischung aus Freude am Gestalten, aus Freude an gemeinsamer Leistung und aus Freude an der Macht. Es ist nicht zu leugnen, dass die Möglichkeit, den eigenen Willen mit Zustimmung der Weisungsgebundenen durchzusetzen, in hohem Maße befriedigt, wie umgekehrt, ihn nicht durchsetzen zu können, in hohem Maße kränkt. Wenn Letzteres der Fall ist, reagieren Vorgesetzte oft trotzig und weichen in autoritäres Verhalten aus. Sie fordern dann Gehorsam, ohne sich um die Zustimmung der Abhängigen zu bemühen. Ihnen liegt nicht an der Legitimierung ihrer Autorität durch die Geführten, sie üben nur Macht aus und verwechseln das mit Führung. Sofern die Beziehung auf Vertrauen beruht, werden Mitarbeiter Entscheidungen ihres Chefs selbst dann akzeptieren, wenn sie ihnen inhaltlich nicht zustimmen.

Die Verführung, autoritär zu reagieren, wenn einem die Gefolgschaft versagt wird, ist groß. Menschen in Führungspositionen lassen sich darüber hinaus auch häufig dazu verleiten, ihr mangelndes Selbstwertgefühl durch Demonstration ihrer Macht zu kompensieren. Der »Mächtige« beginnt sich zu rächen. Seine bloße Stellung als Chef legitimiert ihn, die Angestellten zu schikanieren — selbst wenn die niederen Motive seines Handelns offenbar sind, wie etwa Neid auf die größere Intelligenz eines Unterstellten — oder unsouverän auf Widerspruch aller Art zu reagieren.

»Macht korrumpiert, absolute Macht korrumpiert absolut«, diesen bekannten Satz des Historikers Lord Acton sollte sich jeder, der Macht ausübt, über seinen Schreibtisch hängen.

Führen zu können, wenn man eine entsprechende Position übernimmt, gilt als selbstverständlich. Viele Menschen sind jedoch führend tätig, ohne geeignet oder entsprechend vorbereitet zu sein. Manch ein Fürstensohn etwa konnte, als er an die Macht kam, seinen Auftrag nicht erfüllen, weil er dafür nicht begabt war, und hatte dennoch nicht den Mut, auf den Thron zu verzichten. Auch Unternehmersöhne (selten -töchter), die das väterliche Unternehmen übernahmen und dieser Aufgabe nicht gewachsen waren, konnten sich nicht oft durchringen, diesen häufig bereits in die Wiege gelegten Anspruch abzulehnen. Es gibt Lehrer, die aus den falschen Motiven ihren Beruf ergreifen (etwa wegen der Sicherheit des Beamtenstatus) oder Klassen nicht führen können, aber nicht den Mut aufbringen, einer anderen Tätigkeit nachzugehen. Leider sind auch zu viele Eltern nicht dazu geeignet und auch nicht darauf vorbereitet, ihre Kinder zu erziehen.

Nicht umsonst spricht man deshalb von Lebensführung. Wie jemand sein Leben führt, wie er sich selbst führt, wie er mit anderen umgeht, inwieweit er sich selbst vertraut und aus dieser

Stärke heraus anderen vertraut, inwieweit er Selbstdisziplin übt, dementsprechend wird er auch andere Menschen führen. Weil Führung so bestimmend ist im Leben der Menschen, wurde schon immer viel Zeit und Energie darauf verwandt, die führenden Persönlichkeiten zu bilden und auszubilden.

Führungspositionen waren die längste Zeit der Geschichte erblich. Schon bei der Geburt eines Kindes stand fest, ob es als Erwachsener dem Land oder der Familie vorstehen würde. Prinzenerzieher nahmen einen wesentlichen Einfluss auf die Charakterbildung des künftigen Herrschers. Man glaubte, dass durch Erbfolge zum Herrschen bestimmte Menschen zum Führen fähig seien, wenn nicht von Natur aus, so doch durch Gottes Gnade. Einige Eigentümer-Unternehmer denken noch heute so.

Wie wesentlich Führung zur Natur des Menschen gehört, lässt sich auch daran erkennen, dass die Geschichte der Menschheit meist als die Geschichte ihrer führenden und einflussreichen Persönlichkeiten erzählt wird. Wir benennen sogar Zeitabschnitte nach ihnen, sprechen von der viktorianischen oder der wilhelminischen Epoche oder pflegen die Geschichte Amerikas nach ihren Präsidenten und die der europäischen Nationen nach ihren Königen, Kanzlern oder Ministerpräsidenten einzuteilen. Dahinter steht die Auffassung, dass einzelne Menschen Geschichte machen.

Die Christen interpretieren die Geschichte als Heilsgeschichte, die Menschen handeln gut oder schlecht, je nachdem, ob sie andere zum Heil oder Unheil führen. Religionsführer, Heilige, Propheten, Abgesandte Gottes oder Götterboten, so glaubte man, würden von höheren Mächten gesteuert, deren Willen sie zu erfüllen hätten. Selbst die Darstellung historischer Gestalten im Theater lebt von dieser Auffassung, Friedrich Schillers *Wallenstein* ist ein Beispiel dafür.

Nicht nur die Personifizierung historischer Vorgänge macht Geschichte spannend, auch religiöse Menschen zehren von den Erzählungen über das Wirken ihrer Stifter. Und bei Wahlen spielen heutzutage Personen in der Regel eine größere Rolle als die Programme der Parteien. Das gilt für die USA, aber auch für die europäischen Demokratien. Desgleichen verbinden wir den Erfolg oder Misserfolg einer Firma mit der Person an deren Spitze.

Auch der Widerstand gegen die Mächtigen, gegen Diktaturen oder unmenschliche Systeme wird von Personen organisiert. Die Revolutionsführer tragen die Fahne voran gegen die Herrschenden. Revolutionen brauchen einen Nährboden, auf dem sie entstehen, meistens sind es die ökonomischen Verhältnisse, die sich ändern und neue Ideen und Kräfte wachsen lassen. Eine Revolution anzetteln und vorantreiben, das können aber nur Personen.

Diese Neigung zur Personalisierung weist auf eine anthropologische Eigenheit hin, nämlich darauf, dass wir Herdentiere sind. Wir brauchen Anführer, um überleben zu können. Wir brauchen Persönlichkeiten, die Orientierung bieten und Vorbild sind, dem wir folgen können. Dieses Bedürfnis ist früh ausgeprägt, man denke etwa an die Bandenführer in Jugendgruppen. In jeder Gruppe kristallisieren sich schnell Führungspersönlichkeiten heraus, die das Heft in die Hand nehmen. Wenn sie überzeugend wirken, folgen ihnen die anderen im Guten wie im Bösen. Die Hoffnung auf einen Messias, der uns Menschen aus dem Elend führt, beseelte schon immer die Massen und wird es auch in Zukunft tun.

Das Christentum hat seine Botschaft personalisiert und an die Person Jesu Christi gebunden. *Imitatio Christi*, die Nachfolge Christi, fordert die christliche Religion; Christus nachzuahmen, ihm zu folgen, sich seiner Führung anzuvertrauen, heißt die Losung. Der Wille nachzuahmen, ist ein mächtiger Trieb — beim Aufwachsen von Kindern, in der religiösen Praxis und im politischen Leben. Die Botschaften des Religionsstifters erreichten die Menschen, weil er vorlebte, was er von ihnen erwartete. Sein Vorbild wurde dadurch ins Übermenschliche gesteigert, dass er sein Leben für seine Wahrheit hingab. Sokrates starb für die Überzeugung, dass er die Jugend zur Erkenntnis der Wahrheit führen dürfe. Er hat das Angebot seiner Widersacher, ihm Freiheit zu gewähren, wenn er Athen verließe und die Jugend nicht mehr »verdürbe«, nicht angenommen.

Die Geschichte kennt auch Pädagogen, die ihre Kinder nicht verlassen und dafür mit ihrem Leben bezahlt haben. Janusz Korczak leitete ab 1919 ein jüdisches Kinderheim für verwaiste und verwahrloste Kinder in Warschau. Die Kinder, die in diesem Heim zu Beginn des Zweiten Weltkriegs lebten, wurden ins Warschauer Ghetto gebracht und am 5. August 1942 ins Vernichtungslager nach Treblinka deportiert. Korczak stellte man frei, mitzugehen oder zu bleiben. Er begleitete die Kinder in den Tod, er blieb sich treu und enttäuschte das Vertrauen der Kinder in ihn nicht.

Der Demokratie scheint der Gedanke der Führung oder gar der Führungselite fremd zu sein. Das Gegenteil ist der Fall: Sie bedarf der Herrschaft der Besten wie jede andere Gesellschaftsform auch. Um diese Elite heranzubilden, müssen Charakterbildung und Erziehung zur Verantwortung gleichwertig neben die akademische Bildung

treten. Auch durch eine demokratische Wahl können Personen an die Macht kommen, die charak-
terlich schwach sind. Ihre Machtfülle muss die
demokratisch verfasste Gesellschaft daher begren-
zen. Wie die des amerikanischen Präsidenten sollte
sie sich an der Position eines absoluten Königs
orientieren, auch wenn sie nur die Position eines
»Königs auf Zeit« sein darf.

In der Wirtschaft hat man erkannt, dass sich
durch gute Führung viel Geld verdienen lässt, und
man scheut keine Zeit, keine Mühe und keine
Kosten, um Vorgesetzte als Führungspersonen zu
qualifizieren. Leider wird in der Schule kein Geld
verdient. Sonst hätte sich die Erkenntnis, dass sich
Führung lohnt, auch im Bereich Bildung und Erziehung durchgesetzt. Wir brauchen hier dringend
eine Kultur des Führens. Sie setzt die Erkenntnis
voraus, dass Führung notwendig ist, und dass man
Menschen auf Führung vorbereiten soll. Lehrer
müssen den Mangel an Führung erkennen und
sich eingestehen, dass sie darunter leiden, weil sie
wie jeder andere Berufszweig Führung brauchen.

Exkurs:
Schulleiter sind »Könige Ohneland«

Ein Lehrer kann jahrzehntelang schlechten Unterricht erteilen, ihn selbst aber für gut halten und muss nicht mit Folgen rechnen. An diesem Missstand leiden Schulleiter, ohne viel ändern zu können. Gespräche mit Lehrern über mangelhaften Unterricht gleichen zuweilen den Anstrengungen des Sisyphos, der ächzend den Felsbrocken auf den Berg wälzt, um ihn dann »hurtig, mit Donnergepolter« (Schiller) wieder nach unten rollen zu sehen.

Ich erinnere mich an einen Lehrer, über dessen Unterrichtsstil es häufig Beschwerden gab, der mich aber durch seine Ehrlichkeit beeindruckte. Deswegen entschied ich mich, ihm ehrlich meine Meinung zu sagen. In regelmäßig vereinbarten Gesprächen wiederholte ich gebetsmühlenartig: »Sie entmutigen die Schüler, Sie bauen ihr Selbstwertgefühl nicht auf, Sie strafen zu schnell mit schlechten Noten ...« Seine Antwort lautete dann jeweils: »Wie soll ich Schüler ermutigen, die ihre Hausaufgaben nicht machen, herumalbern und nicht einmal den Förderunterricht besuchen, den ich nachmittags anbiete.« Darauf erwiderte ich: »Ich will keineswegs das Verhalten der Schüler beschönigen, es geht mir um Ihren Stil, um die Art und Weise, wie Sie die Schüler ansprechen, immer vorwurfsvoll, abwertend, ohne Humor und Takt, und das gerade in Mathematik und auch im Förderunterricht.«

Die Gespräche drehten sich im Kreis. Meine Kritik blieb dennoch nicht ganz ohne Wirkung. Er akzeptierte einzelne Vorwürfe, vor allem solche, die nicht an die Substanz gingen. Seine Verhaltensänderung erschöpfte sich darin, dass er nicht mehr gleich lospolterte, wenn ein Schüler etwas nicht verstanden hatte, ein Lob kam aber nicht über seine Lippen. Das hielt er ein paar Tage durch, dann verfiel er wieder seinen bekannten Schwächen.

Ein Dilemma erschwerte meine Rolle als Mahner und Kritiker: Der Lehrer besaß eine lobenswerte Eigenschaft, nämlich den Mut zu Konflikten, und setzte die von Leitung und Mitarbeitern gemeinsam verabschiedeten Standards konsequent durch. Aber mit der gleichen Beharrlichkeit, die dann unbarmherzig wirkte, wies er die Schüler fortwährend auf ihre Schwächen hin. Er besaß keinen Humor, konnte nicht zwischen wichtig und unwichtig unterscheiden und erklärte zu kompliziert. Was kann ein Schulleiter gegen didaktisches Unvermögen, Humorlosigkeit und Gerechtigkeit ohne Güte unternehmen? Er ist ohnmächtig. Die Erfahrung zeigt, dass solche Lehrer unbehelligt weitermachen, auch wenn die Schüler darunter leiden.

Ich war mit meinem Latein am Ende. Der Elternbeirat zweifelte an meiner Kompetenz und hielt mir Führungsschwäche vor, weil ich nicht fertigbrachte, was doch jeder Abteilungsleiter in der freien Wirtschaft schafft: einen Mitarbeiter, der seine Arbeit unzulänglich ausführt, zur Änderung seines Verhaltens zu bewegen oder ihn abzulösen. Da Ersteres nicht gelang, forderte der Elternbeirat Letzteres. Ablösung eines Lehrers heißt Entlassung oder Versetzung, denn es gibt für einen Lehrer keine andere Arbeit an einer Schule als zu unterrichten. Für eine Entlassung aber muss ihm nachgewiesen werden, dass er seinen Aufgaben nicht gewachsen ist. Entlassung endet immer vor Gericht. Machen Sie einmal einem Gericht klar, dass ein Lehrer, der sich an die vereinbarten Standards hält, entlassen werden soll. Genügt es zu sagen: weil er seine Schüler entmutigt? Wie misst man Entmutigung?

Welche Beweggründe verleiten einen Lehrer

angesichts solcher Verhältnisse dazu, sich zum Schulleiter ernennen zu lassen? Man übernimmt ein Amt, das Ansehen verleiht, aber in gewisser Weise bleibt man ein »König Ohneland«, weil man über Menschen »herrschen« soll, die sich unabhängig fühlen, und deren Autonomie sie davon befreit, den Anweisungen eines Vorgesetzten folgen zu müssen. Lehrer fühlen sich nur dem Gesetz und den Lehrplänen verpflichtet. Schulleiter wachen über die Einhaltung schulrechtlicher Vorschriften. Der Wechsel vom Lehrerdasein zur Schulleitung bedeutet daher: den Schwerpunkt seiner Arbeit von der Pädagogik hin zur Verwaltung von Pädagogik zu verschieben.

Die Höhe des Gehalts spiegelt die begrenzten Kompetenzen und die eingeschränkte Verantwortung des Schulleiters wider. Zu den Gehältern anderer Lehrer ist die Differenz zu gering und stellt daher kein Motiv dar, eine solche Position übernehmen zu wollen. Auch die sonstigen »Insignien der Macht« sind bescheiden, vergleicht man eine Schule mit einem mittelständischen Betrieb gleicher Größe. Das Büro eines Schulleiters ist das Spiegelbild der Gleichheitsideologie, die unter Lehrern herrscht: Für sie ist der Schulleiter *primus inter pares*, ein Lehrer mit Verwaltungsaufgaben.

Das erkennt man daran, dass ein Schulleiter

verpflichtet ist, weiterhin zu unterrichten. Seine Sekretärin ist zugleich die Schulsekretärin. Auch wird er ein Auto fahren, das unter Lehrern üblich ist. Er verfügt über kein Budget, das ihm erlaubt, besondere Leistungen zu honorieren, er ist dazu auch nicht legitimiert. Nicht einmal zu einem Essen ins Gasthaus kann er einladen. Sanktionen kann er kaum verhängen, höchstens wenn Vorschriften verletzt werden, wenn also ein Lehrer versäumt, die vorgeschriebene Anzahl von Klassenarbeiten zu schreiben, wenn er unbegründet Unterricht ausfallen lässt, Schüler schlägt oder seine Notengebung eklatante Mängel aufweist. Auch dann kann der Schulleiter nur tadeln oder an höherer Stelle Beschwerde einreichen. Das erfordert aber die mühselige Dokumentation der Verfehlungen, die Schulleiter oft scheuen.

Vor allem besitzt ein Schulleiter kaum ein Instrument, mit dem er die Arbeit eines Lehrers kontrollieren kann. Lehrer können darauf verweisen, dass die Kenntnisse über ihre Arbeit weitgehend auf zufälligen Schüleraussagen beruhen, also aus zweiter Hand stammen. Unterrichtsbesuche andererseits taugen nur bedingt, um die Arbeit von Lehrern beurteilen zu können. Sie finden zu selten statt und erhalten daher eine Bedeutung, die ihnen gar nicht zukommen dürfte. Außerdem verfälscht das Erscheinen des Schulleiters in der Regel die Situation, sodass er gar keine objektiven Erkenntnisse gewinnen kann. Letztlich muss sich ein Schulleiter aus vielerlei ungenauen Aussagen über die beruflichen Fähigkeiten eines Lehrers ein Urteil bilden. Dieses ist dann eher das Ergebnis einer Art »gefühlten« denn einer objektiven Erkenntnis. Selbst wenn er zu Fehleinschätzungen kommt, können sie nicht viel Schaden anrichten, weil er keine Mittel besitzt, ihnen Taten folgen zu lassen. Wer sich also als Lehrer ein dickes Fell zulegt, übersteht jedes kritische Urteil seines Schulleiters unbeschadet.

Lehrer lehnen die mit Führung verbundene Kontrolle ab. Sie interpretieren sie als Ausdruck von Misstrauen und fürchten sie wie der Teufel das Weihwasser. Sie sehen darin keine Hilfe, sondern eine Einschränkung ihrer Autonomie. Führung zu akzeptieren, hieße, sich in die Karten gucken zu lassen. Lehrer haben sich aber darauf eingerichtet, dass ihre Arbeit nicht wahrgenommen wird, dass sie ihre eigenen Herren sind und dass sie selbst über die Qualität ihres Unterrichts wachen.

Unangemeldete Unterrichtsbesuche gelten als Verletzung der unausgesprochenen Übereinkunft, dass Lehrer Souveräne des Unterrichts sind und daher mitentscheiden können, wer sie wann besuchen darf. Lediglich Unterrichtsbesuche, die den

Charakter hoheitlicher Akte haben, also der Beförderung oder Verbeamtung dienen, werden unangekündigt akzeptiert.

An der aus der Autonomie der Lehrer resultierenden hermetischen Abgeschlossenheit des Unterrichts leiden viele Schüler. Denn mangelnde Transparenz lässt Ungerechtigkeit, Schlamperei und Stümperei unkorrigiert wuchern. Schüler und Eltern hegen die Vorstellung, Lehrer würden sich rächen, wenn man sie kritisiert. Diese Unterstellung können viele Lehrer mit Recht zurückweisen, sie gehört aber zur Realität des Schulalltags.

Man sollte per Gesetz in allen Klassenräumen die Türen aushängen, damit jeder Lehrer sieht, dass auch bei den Kollegen nicht alles Gold ist, was glänzt. Sie kämen dann auf die Idee, sich gegenseitig zu besuchen und zu helfen. Außerdem nähmen sie Hilfe in Anspruch. Sie gäben eine Haltung auf, die eine Folge ihrer Autonomie ist, nämlich zu glauben, jede Situation allein meistern zu müssen. Der Schulleiter hätte dann eine Chance zu helfen. Denn um helfen zu können, muss er wissen, wo Not herrscht.

Es gibt keine ausgeprägte Führungskultur an Schulen. Viele Schulleiter verstehen sich auch nach Übernahme ihres Amtes als Kollegen: Sie bleiben der Ideologie der prinzipiellen Gleichheit treu, sie interpretieren ihre Aufgabe häufig selbst als Lehrtätigkeit mit erweiterten Befugnissen. Ihnen fehlt die Bereitschaft, führen zu wollen. Sie scheuen die Distanz und Einsamkeit, die das Leiten mit sich bringen kann, aber nicht muss.

Außerdem können Schulleiter nur begrenzt Einfluss auf die Einstellung von Lehrern nehmen. Entlassen können sie einen Lehrer, wie bereits erwähnt, eigentlich nicht, sie können nur seine Versetzung beantragen. Schlechte Lehrer werden daher wie Wanderpokale von Schule zu Schule weitergereicht.

Die an Schulen institutionell garantierten Möglichkeiten, Mitarbeiter zu führen, lassen sich nicht vergleichen mit denen in Unternehmen, Ministerien und Kliniken oder gar bei der Bundeswehr. Es gibt kaum eine Hierarchie, eigentlich gibt es nur den Schulleiter und seinen Stellvertreter. Der Primat verwaltender Pädagogik, begrenzte Weisungs- und Sanktionsbefugnis, nur indirekte Möglichkeiten, die Qualität des Unterrichts beeinflussen zu können, kaum Befugnisse, eine Fortbildung, Versetzung oder gar Entlassung anordnen zu können, mühselige Wege der Evaluation … – ich habe ja bereits einige Defizite genannt, die eine direkte Führung praktisch verhindern, und ich könnte fortfahren mit der Aufzählung. In der freien Wirtschaft würde kein Chef nur einen Tag lang so arbeiten.

Fachleute vermuten, dass sich achtzig Prozent der Schulleiter auf die reine Verwaltung beschränken. Unter den übrigen zwanzig Prozent versucht eine Mehrheit, durch Vereinbarungen, Teamarbeit und fortwährende Überzeugungsarbeit Mitarbeiter für guten Unterricht zu begeistern. Eine Minderheit erreicht durch charismatische und kluge, aber dominante Führung ihre Ziele, eine weitere glaubt, mit miesen Stundenplänen oder anderen Schikanen Lehrer zur Räson bringen zu können.

Noch einmal: Warum wird ein Lehrer Schulleiter? Es herrscht inzwischen ein solcher Mangel an Bewerbern für frei werdende Schulleiterposten, dass auf Lehrer zurückgegriffen wird, die verwalten wollen und das mit Vergnügen und Erfolg tun. Lehrer, die leiten wollen, weil sie gestalten und weiterhin pädagogisch tätig sein wollen, werden auf ihre Persönlichkeit vertrauen, um ihren Willen durchzusetzen. Ihr Wunsch, Leiter zu werden, wird in hohem Maße idealistisch motiviert sein. Sie glauben an die Macht der Ideen, ein pädagogischer Eros beseelt sie auch als Leiter. Ihr pädagogisches Talent werden sie auf Lehrer ausweiten und sie so erfolgreich führen wie ihre Schüler.

An der Spitze guter Schulen stehen häufig starke Persönlichkeiten, deren Autorität auf der

Kompetenz und auf der Begabung beruht, Menschen für sich und ihre Visionen gewinnen zu können. Sie führen, obwohl ihnen die Basis dazu fehlt. Sie haben sich ihrer Schule verschrieben und können ihre Identifikation mit ihr auf andere übertragen. Sie wollen ihre Schule nach ihrer Idee gestalten und verfügen über die Festigkeit, diesen Weg hartnäckig und klug zu gehen. Ihr Verhältnis zur Macht ist positiv, und sie werden sich dazu bekennen. Viele solcher Leiterinnen und Leiter besitzen Charisma, es bildet aber nicht die einzige Basis ihrer Macht. Sie sind »Menschenfischer«, die gute Lehrer entdecken und sie für ihre Schulen gewinnen. Bedeutende Schulgründer und Schulreformer besaßen in der Regel sogar diktatorische Züge, *benevolent despotism* (was man mit »aufgeklärter Absolutismus« übersetzen könnte) nennen die Engländer einen solchen Führungsstil.

Das Arbeitsfeld eines Schulleiters können leider nicht primär die Schüler sein. Er ist gut beraten, den Mitarbeitern an erster Stelle seine Aufmerksamkeit und Arbeitskraft zu widmen. Sie bilden das Fundament der Bildungs- und Erziehungsarbeit an einer Schule, sie sind die Multiplikatoren der Ideen des Leiters. An ihrem Können, ihrer Leidenschaft, ihrer Fürsorge und Zuversicht hängt der Lernerfolg von Kindern und Jugendlichen.

Wenn Lehrer sich wohlfühlen und ihrer Arbeit mit Freude nachgehen, wird sich ihre Stimmung auf die Schüler übertragen. Werden Schulleiter nach der Ursache des Erfolgs ihrer Schule gefragt, verweisen sie meist auf ihr »handverlesenes« Kollegium.

Für Schüler einer größeren Schule wird der Schulleiter eine ferne Autorität bleiben müssen, weil er sich nicht allen zuwenden kann. Trotzdem sollte er Zeit für die Schüler haben, die seine Hilfe benötigen. Ansonsten ist er für sie der Leiter, vielleicht eine Ikone, einer, der den Geist und das Ethos der Schule verkörpert, der mal als Verkünder grundsätzlicher Botschaften, mal als *Jupiter tonans* (der donnernde Jupiter) auftritt, der aber täglich durch die Schule geht und allen das Gefühl vermittelt, für sie da zu sein. Außerdem soll er die Schule würdig nach außen vertreten.

Die Arbeit mit den Lehrern gestaltet sich auch schwierig, weil die fehlende Hierarchie dazu führt, dass der Schulleiter zentrale Aufgaben zu wenig delegieren kann und für zu viele Dinge gleichzeitig zuständig ist. Dazu zählen Mitarbeitergespräche, die heute selbstverständlich als Kernelement der Personalentwicklung gelten.

»Seit zehn Jahren bin ich an der Schule. Es ist das erste Mal, dass ein Leiter offiziell ein Gespräch mit mir führen will. Schon dafür danke ich Ihnen!« Mit dieser Bemerkung begrüßte mich ein Lehrer, den ich zu einem formellen Mitarbeitergespräch gebeten hatte. Ich leitete zu jenem Zeitpunkt schon länger als dreizehn Jahre die Schule.

Der Mitarbeiter hatte den Finger in eine Wunde gelegt, die mich schon lange schmerzte. Wortreich erklärte ich, das solle sich in Zukunft ändern, die geplanten Gespräche seien der Beginn eines neuen Zeitalters, in dem die regelmäßige Anerkennung und kritische Begleitung der Arbeit aller Mitarbeiter an der Schule zur Regel würden. Glücklichere Zeiten brächen an, weil die Leitung die Tätigkeit aller Lehrer in Zukunft wahrnehmen werde.

Ich gestand ihm damals nicht, wie bange mir vor dem Gespräch war. Im Vorfeld hatte ich, um ein Bild von dem Lehrer zu haben, auf die üblichen Informationsquellen zurückgegriffen, nämlich auf das Gerede der Schüler. Er galt als solide, kinderfreundlich und arbeitsam, aber auch als etwas farblos und phantasielos. Schwierige Klassen konnte man ihm nicht anvertrauen, weil er konfliktscheu war und die für einen gedeihlichen Unterricht notwendige Ruhe nicht herstellen konnte. Die Schüler akzeptierten ihn, weil er gutmütig war, ihnen das Leben nicht schwermachte und ganz gute Noten gab.

Ich wusste, dass er sich die nächsten zehn Jahre nicht sehr ändern würde. Ich wusste aber auch, dass es kaum möglich war, seinen Ehrgeiz anzustacheln, denn eine Schule bietet wenig Aufstiegsmöglichkeiten, es gibt nur eine Beförderung, und die hatte bei ihm bereits stattgefunden.

So hatte ich mir vorgenommen, ihm so viel Rühmendes zu sagen, wie ich es ehrlicherweise vertreten konnte, Kritik aber nur dort zu äußern, wo ich annahm, dass er etwas ändern würde. Denn wozu sollte ich ihn kränken, wenn ich mir sicher war, dass er auch in Zukunft konfliktscheu und etwas langweilig bleiben würde? Er war fünfundfünfzig, *you can't teach an old dog new tricks.*

Auch dieses Gespräch litt darunter, dass meine Kenntnisse über die Arbeit des Lehrers auf indirekt gewonnenen Aussagen beruhten. Mit einem Lehrer Ziele für seine künftige Tätigkeit zu vereinbaren, gilt als essentieller Bestandteil eines Mitarbeitergesprächs. Aber ohne die Möglichkeit, Zielvereinbarungen zu kontrollieren, taugt ein solches Gespräch wenig.

Trotz guter Vorsätze musste ich feststellen, dass der Leiter einer großen Schule nicht mit jedem Lehrer jährlich ein formelles Mitarbeitergespräch führen kann. Man stelle sich ein Kollegium von achtzig bis neunzig Lehrerinnen und Lehrern vor. Bei etwa achtunddreißig Schulwochen hätte ich wöchentlich zwei Gespräche führen, sie durch Unterrichtsbesuche vorbereiten, aber mich auch kundig machen müssen, welche guten Taten und Leistungen Anerkennung verdienen. Da dieser Aufwand das Zeit- und Energiepotenzial eines Schulleiters überschreitet, unterbleiben solche Gespräche.

Professionelle Führung an Schulen wird erst möglich sein, wenn die Rolle eines Schulleiters neu definiert wird. Seine Stelle muss zu einer Führungsposition ausgebaut werden. Er sollte ein Vorgesetzter sein, der auch für das Kerngeschäft des Lehrers, den Unterricht, Ziele vereinbaren und kontrollieren kann, ob sie erreicht werden, um darauf sein Lob und seine Kritik zu gründen. Er sollte Lehrer einstellen und entlassen dürfen und müsste befugt sein, Fortbildungen – bis hin zu Coaching – zu verlangen und Hospitationen durch kompetente Lehrer oder auch Teamarbeit anzuordnen. Es gibt viele Möglichkeiten der Unterstützung, die Leiter und Mitarbeiter in Gesprächen vereinbaren können, oder Maßnahmen, die angeordnet werden können.

Eine Reihe von Stellvertretern oder Prorektoren müsste ihm Arbeit abnehmen, er müsste also delegieren können. Diese Stellvertreter müssten auch an der Personalentwicklung beteiligt und legitimiert sein, Mitarbeitergespräche zu führen.

Sein Gehalt sollte deutlich höher sein und seiner erweiterten Verantwortung entsprechen.

Eine neue Definition der Schulleiterposition hätte zur Folge, dass Schulleiter sich schon aufgrund der Beschreibung ihres Arbeitsplatzes als Führungspersönlichkeiten und nicht als Lehrer mit zusätzlichen Koordinationsaufgaben verstehen würden. Darüber hinaus würde dieses Amt attraktiver, und es gäbe mehr Lehrer, die es anstrebten.

Solange die Position nicht neu definiert wird, muss der Schulleiter, der erfolgreich führen will, Formen indirekter Führung praktizieren. Er kann Teams innerhalb der Schule schaffen, beispielsweise Jahrgangsteams, er kann Ziele mit diesen Teams vereinbaren und zusammen mit dem Teamleiter kontrollieren, ob die Ziele erreicht werden. Außerdem müsste er die Teams koordinieren sowie ihre Zusammenarbeit fordern und überwachen.

Wer die Schule reformieren will, sollte dafür kämpfen, dass aus der primär verwaltenden Position eines Schulleiters eine Führungsposition wird. Revolutioniert würde diese Position, wenn Leiter ihre Gespräche mit den Mitarbeitern auf der Basis einigermaßen objektiver Erkenntnisse über ihre Arbeit führen, wenn sie also Lob und Kritik präzise und fundiert aussprechen könnten.

Die Kontrollinstrumente müssten sich hierfür ändern, und es müsste die Möglichkeit geben, Lob und Kritik Taten folgen zu lassen. Ebenso müssten sich Schulleiter regelmäßig selbst einer Evaluation stellen, die Folgen hätte.

3

Vertraue, fordere und beschütze!

Selbstvertrauen ermutigt zu guten Taten, mangelnder Glaube an sich selbst bildet den Nährboden für Neid, Geiz und Eifersucht. »Liebe deinen Nächsten wie dich selbst«, das ist nicht nur ein christliches Gebot, dieser Satz enthält eine psychologische Wahrheit: Nur wer sich selbst liebt, wird auch andere lieben können.

Wer zu sich selbst ja sagt, weil er so geworden ist, wie er ist, und sich daher in diesem biblischen Sinn liebt, wird eins sein mit sich. Er ist ein glücklicher Mensch. Denn wahres Glück erfahren Menschen, die ihrem Leben einen Sinn geben können, weil sie eins sind mit ihrer Tätigkeit, die in sich ruhen und die sich anderen Menschen frei und unverstellt zuwenden können, weil sie fähig sind, deren Vorzüge neidlos anzuerkennen. Glück folgt nicht moralischem Handeln, wie unsere Vorstellungen es nahelegen, vielmehr handelt ein glücklicher Mensch ohne Anstrengung von sich aus moralisch.

Eltern, Lehrer und Erzieher sollten immer das Ziel verfolgen, jungen Menschen zu helfen, zu sich selbst zu finden und ihr Selbstwertgefühl aufzubauen. Auf diesem Wege legen sie das Fundament zum Erwachsenwerden. Selbstwertgefühl gründet darauf, dass andere Menschen einen mögen, schätzen und respektieren. Daher lautet auch der oberste Grundsatz aller Führung: Menschen zu respektieren und in ihrem Selbstwertgefühl und Selbstvertrauen zu stärken, sodass ihr wachsendes Selbstbewusstsein zum Motor ihres Handelns wird, und dadurch ihr Lebensglück zunimmt. Erwachsen sein heißt, zu wissen, wer man ist, und damit Verantwortung für sich und andere übernehmen zu können. Es gibt zu viele unerwachsene Erwachsene!

Felix wirkte so einnehmend, weil er selbstbewusst und offen auf die Menschen zuging. Er unterstellte seinen Mitmenschen, Lehrern und Mitschülern, dass auch sie ihm ohne Argwohn entgegentraten; dadurch gewann er schnell die Herzen der anderen, vieles schien ihm wie von selbst zu gelingen. Er war keineswegs naiv, seiner guten Beobachtungsgabe waren die Schwächen und kleinen Bosheiten mancher Lehrer und Gleichaltriger nicht entgangen. Seine natürliche, die Menschen einnehmende Ausstrahlung erzeugte jedoch Vertrauen bei fast allen, die ihm begegneten. Bosheiten perlten an ihm ab wie Wassertropfen an einem Schwanengefieder. Die liebende Zuwendung seiner Eltern und ein glückliches Naturell hatten ihn zu einem sich selbst und dadurch das Leben bejahenden jungen Mann gemacht.

Anders verhielt es sich mit Alexander. Der Junge stand wie unter einem Zwang. Er hänselte dauernd Mitschüler, erniedrigte sie vor anderen oder bedrohte sie sogar mit Gewalt, weil er glaubte, er gewinne dadurch die Anerkennung der Gleichaltrigen. Nach außen hin wirkte er selbstbewusst und stark. Durch seine sportliche Begabung hätte er Ansehen in der Gruppe erwerben können, aber er hielt nicht viel von sich. Er akzeptierte sich nicht so, wie er war, und musste sich deswegen an anderen schadlos halten. Neid auf das höhere Ansehen anderer steuerte sein Verhalten. Darüber konnte ich mit ihm sprechen. Er hatte erkannt, was ihn immer wieder dazu trieb, Mitschüler vor der Gruppe zu demütigen, aber seine Einsicht genügte nicht, um sich zu ändern. Die Ursache seiner Quälereien lag in seinem mangelnden Glauben an sich selbst und in seiner mangelnden Liebe zu sich selbst.

Subtiler ging Franziska vor, die voller Missgunst auf die größere Beliebtheit einer Mitschülerin reagierte. Sie erzählte anderen erfundene Geschichten über diese Mitschülerin, vor allem behauptete sie, dass diese über andere schlecht geredet habe. Ihre Taktik ging auf. Die Schüler glaubten die Gerüchte und schnitten die Mitschülerin. Auch in diesem Fall halfen Gespräche wenig, weil Franziska nicht in der Lage war, die gewonnene Einsicht in die Tat umzusetzen und ihr Verhalten zu ändern.

Der einzige Weg, die beiden jungen Menschen von Neid und Eifersucht zu befreien, war, ihr Selbstwertgefühl zu stärken. Ihre Biographie bot Hinweise, warum sie so neidisch reagierten.

Alexander war das Kind unsicher wirkender Eltern, die selbst nicht an sich glaubten, sich mit viel prestigeträchtigem Glamour umgaben und den Sohn verwöhnten, statt seinen Glauben an sich durch liebevolle Forderungen zu stärken. Sie konnten nicht das Selbstwertgefühl ihres Sohnes aufbauen, weil sie selbst keines besaßen.

Franziska litt unter einer begabten, jüngeren Schwester und glaubte, diese würde von den Eltern mehr geliebt und käme bei Gleichaltrigen besser an. Das erzeugte bei ihr das Gefühl, weniger zu gelten. Sie wollte so sein wie die Schwester und konnte sich nicht akzeptieren, wie sie war. Sie hatte sich daran gewöhnt, sich selbst aufzuwerten, indem sie andere abwertete.

Auch als Erwachsene werden wir feststellen, dass wir gern die Verdienste anderer schmälern, wenn wir ihren Erfolg, ihre größere Begabung, ihren Reichtum oder ihre Schönheit nicht aushalten. Es mindert unser Glück, wenn wir andere glücklicher erleben. Wir sind vielfach noch auf dem Wege zu uns selbst, wir sind noch nicht eins mit uns, und deswegen müssen wir uns durch Erniedrigung anderer erhöhen.

Wenn wir Kinder und Jugendliche durch Bildung und Erziehung so in ihrem Selbstwertgefühl stärken, dass sie andere mit allen Eigenheiten respektieren können und ihren eigenen Weg gehen lernen, dann werden sie weniger anfällig für Neid und Eifersucht sein. Dieses Ziel haben die Eltern von Alexander und von Franziska nicht erreicht. Die Lehrer und Erzieher der beiden mussten versuchen, diesen Mangel auszugleichen, um ihnen zu ermöglichen, ja zu sich zu sagen. Wir suchten Gebiete, in denen sie sich bewähren konnten. Bei Alexander war es der Sport, bei Franziska waren es Aufgaben im Rahmen der Schülermitverantwortung.

An sich glauben zu lernen kann ein lebenslanger Lernprozess sein: Die einen glauben sehr früh an sich, bei anderen wächst das Selbstwertgefühl im Laufe ihres Lebens. Wir werden in der Regel erst allmählich erwachsen. Sich akzeptieren zu können hat immer mit anderen Menschen zu tun, weil eine Wechselwirkung besteht zwischen dem Vertrauen, das andere in einen setzen, und dem Vertrauen in sich. Das Vertrauen der Eltern in ihr Kind, das Vertrauen der Lehrer in ihre Schüler, das Vertrauen der Vorgesetzten in ihre Mitarbeiter — immer handelt es sich um eine bestimmte Qualität von Führung.

Wer keine Führung durch liebende Eltern erfahren durfte, auch keinem Lehrer und keinem Vorgesetzten begegnet ist, der an ihn glaubte und ihn dadurch stärkte, wird sein Leben schwerlich meistern und seinen Mitmenschen misstrauisch begegnen. Er mag äußerlich Erfolg haben, aber die Menschlichkeit wird ihm nicht als Richtschnur seines Lebens dienen. Die vielen ungeliebten Menschen in der Welt bilden den Humus, auf dem die Bosheit wächst — die jugendlichen Amokläufer ebenso wie die Jugendlichen, die andere zusammenschlagen. Wer das Böse bekämpfen will, sollte dafür eintreten, dass Kinder Respekt, Liebe und Vertrauen erfahren, also in den Genuss von humaner Führung gelangen.

Die Bibel ist voller psychologischer Weisheit, deswegen möge man mir verzeihen, wenn ich ab und zu auf dieses Buch verweise. Das Alte Testament erzählt vielfach von Menschen, die andere betrügen oder umbringen, weil sie sich ungeliebt fühlen und nicht an sich glauben. Kain wähnt sich ungeliebt von Gott und beneidet Abel darum, dass er sich in Gottes Liebe sonnt. Er bringt ihn aus Neid um. Ebenso handeln die elf Brüder Josefs, deren Vater Jakob Josef mehr liebt als dessen Brüder: Sie verkaufen ihren vermeintlichen Rivalen an eine vorbeiziehende Karawane von Händlern, weil sie sich ungeliebt fühlen und nicht an sich glauben. Man unterschätze nicht, wie viel Neid zwischen Geschwistern herrscht, der nicht selten zu bösen Gedanken verführt!

Der Schulleiter bat Herrn M. zu einem Gespräch. Herr M. arbeitete das zweite Jahr an der Schule, hatte sich ein gewisses Ansehen erworben und sah erwartungsvoll dem Termin entgegen. Es war das erste Mal, dass ihn sein Vorgesetzter offiziell sprechen wollte. Nach einigen Vorbemerkungen, aus denen Herr M. eine Art Anerkennung seiner Arbeit herauszuhören glaubte, kam der Leiter zur Sache. Er habe immer wieder Mühe, die notwendigen Informationen für einzelne Konferenzen zu sammeln, sagte er Herrn M., das Sekretariat sei überlastet. Und dann fragte er ihn, ob er ihm dabei nicht ein wenig unter die Arme greifen könne.

Herr M. verbarg seine tiefe Enttäuschung. Seit er wusste, dass das Gespräch stattfinden würde, hatte sich in ihm eine Erwartungshaltung aufgebaut. Er hatte auf einen Auftrag gehofft, der mit größerer Verantwortung verbunden wäre, zumindest hatte er etwas Bedeutsameres erwartet als die Bitte, Sekretariatsarbeit zu erledigen. Trotzdem sagte er zu, aber er verließ deprimiert das Büro und erholte sich lange nicht von diesem Gespräch.

Zunächst konnte er seine Bedrückung nicht recht deuten. Seine Erwartung war nicht erfüllt worden. Das erklärte aber nicht seine heftige psychische Reaktion. Nach Gesprächen mit klugen Freunden fand er eine Interpretation, die ihm plausibel erschien. Der Leiter hatte in ihm nicht die Person M. gesehen. Die Botschaft des Gesprächs lautete: Du interessierst mich nicht, ich mache mir nicht die Mühe, dich richtig wahrzunehmen.

Im Umgang mit Mitarbeitern, Kindern oder Schülern gehört Gedankenlosigkeit zu den häufigsten Fehlern von Vorgesetzten, Eltern und Lehrern. Sie machen sich nicht die Mühe, einen Mitarbeiter oder einen jungen Menschen in seiner Eigenart zu würdigen. Im vorliegenden Fall hätte der Leiter diesen Auftrag nicht an Herrn M. vergeben dürfen, er hätte vor allem bedenken müssen, welche hohen Erwartungen er bei einem Mitarbeiter weckt, wenn er ihn seit seiner Einstellung zum ersten Mal zu einem Gespräch bittet.

Selbstwertgefühl und Selbstvertrauen sind nicht dasselbe, ergänzen sich aber. Sich selbst wertzuschätzen und zu erfahren, dass andere einen wertschätzen, ermöglicht es einem, zu sich ja zu sagen. An diesem Fundament der Lebenskraft ihrer Kinder sollten Eltern und gleichermaßen Lehrer arbeiten, aber auch Vorgesetzte sollten diese Basis der Tatkraft ihrer Mitarbeiter stärken. Zugleich sollten sie das Selbstvertrauen vermehren, also das Vertrauen in die eigenen Kräfte, Begabungen und Fertigkeiten.

Es beginnt schon in der Kindheit. Eltern sollen ihre Kinder auf eine Welt vorbereiten, die sich verändert. Je älter die Kinder werden, desto mehr erfahren sie, dass alles im Fluss ist, dass Wechsel und Veränderung bedrohlich und ermutigend sein können. Was bleibt, ist ihre eigene Persönlichkeit, sind ihre Erfahrungen und das, was sie daraus gemacht haben.

Menschen etwas zuzutrauen, mit dieser Grundhaltung sollte jeder, der führt, den ihm Anvertrauten begegnen. Diese Haltung setzt die Absicht und Fähigkeit voraus, andere in ihrer Besonderheit wahr- und ernstzunehmen. Kinder und Erwachsene können es als Geste großen Vertrauens erfahren, wenn ihnen diejenigen, die sie führen, zur rechten Stunde eine herausfordernde Aufgabe abverlangen oder ein anspruchsvolles Problem zur Lösung aufgeben.

Es kann sein, dass führend tätige Menschen ihren Anvertrauten Unmögliches abverlangen müssen, um sie zu Höchstleistungen anzuspornen. Das richtige Gespür zu entwickeln für Forderungen, die dem Einzelnen gerecht werden, und den Mut aufzubringen, diese Kindern oder Mitarbeitern abzuverlangen, gehört zu den entscheidenden Führungsqualitäten.

Die Eltern von Marie überlegten gewissenhaft, wie sie ihrer ängstlichen Tochter zu mehr Lebensmut und Zutrauen in die eigenen Kräfte verhelfen könnten. Bald aber mussten sie erkennen, dass sie selbst zu ängstlich mit dem Kind umgingen. Das zeigte sich beim Versuch, durch Reiten das Selbstvertrauen ihrer Tochter zu steigern. Marie bestieg das Pferd nur, wenn die Mutter ihr half und nicht von ihrer Seite wich. Die Mutter unterstützte ihre Tochter scheinbar aus Fürsorge, tatsächlich projizierte sie jedoch ihre Ängste auf das Kind: Sie konnte nicht loslassen, sie traute Marie nicht zu, dass sie ohne ihre Hilfe gefahrlos das Reiten überstehen würde. Das Experiment musste abgebrochen werden, weil die Ängste von Mutter und Kind sich mehrten, statt sich zu verringern. Weitere Versuche, beispielsweise durch einen Schwimm- oder Skikurs, dem Mädchen, das inzwischen die Grundschule besuchte, zu mehr Selbstvertrauen zu verhelfen, scheiterten aus demselben Grund.

Die Mutter besaß nicht den Mut, ihrer Tochter zunehmend Verantwortung für sich selbst zu übertragen. Sie erkannte nicht, dass Marie an höheren Forderungen gewachsen wäre. Da sie selbst ihr nicht mehr abverlangen konnte, hätte sie dies anderen überlassen sollen, etwa dem Reit- oder dem Skilehrer. Doch auch dazu war sie nicht fähig. Als Marie sich gegen die, wie die Mutter fand, etwas herzlose Art des Reit- oder Skilehrers auflehnte, nahm sie ihr Kind sofort aus dem jeweiligen Kurs. Dabei hatten diese Lehrer fürsorglich gehandelt, ihre Strenge, mit der sie Marie das Reiten und Skifahren lehrten, drückte aus, wie viel sie ihr zutrauten.

Wenn ich auf meine Rolle als Leiter einer Schule, aber auch als Vater, zurückblicke, rechne ich es zu meinen Fehlern, dass ich vielen, die mir anvertraut waren, nicht genügend abverlangt habe. Ich interpretiere das heute als einen Mangel an Vertrauen in die Fähigkeit von Menschen, durch anspruchsvolle Aufgaben innere Kräfte zu mobilisieren. Gleichzeitig fehlte es mir an Mut, Gelassenheit und Menschenkenntnis, um durchzuhalten, wenn Jugendliche oder Erwachsene an ihre Grenzen zu kommen schienen. Ich reagierte häufig zu nachsichtig – zum Schaden von Mitarbeitern, Schülern und meinen eigenen Töchtern. Dabei hätte ich wissen müssen, wie Menschen an anspruchsvollen Aufgaben wachsen können, vor allem, wenn sie jemand, der für sie eine Autorität darstellt, an ihre Grenzen bringt. An meinem eigenen Leben kann ich ablesen, dass immer dann mein Selbstvertrauen wuchs, wenn andere große Forderungen an mich stellten. In der Schule und Hochschule hatte ich das Glück, einzelnen Lehrern begegnet zu sein, die mir mehr zutrauten als ich mir selbst, und die den Mut hatten, ihre Erwartungen an mich mit freundlicher Strenge zu stellen.

Die Kunst der Führung besteht darin, das rechte Maß zwischen Über- und Unterforderung zu finden. Den Geforderten muss die Botschaft erreichen: Ich traue dir viel zu. Gute Führung heißt, die Person des Geführten ernstzunehmen, sein Potenzial zu erkennen und auf seine Signale zu hören. Wagt er sich an eine Aufgabe nicht heran, weil ihm die Fähigkeit dazu fehlt oder weil er ängstlich ist? Im Zweifel sollten Eltern, Lehrer und Vorgesetzte annehmen, dass eine Leistung nicht erbracht wird, weil einer nicht an sich glaubt, und nicht, weil er unfähig ist. Mit heiterer Zuversicht ängstliche Menschen zu fordern, das sollte eine der Kernaufgaben führend Tätiger sein. Die Geführten werden es ihnen danken und daraufhin Berge versetzen können.

Damit Menschen den Mut finden, sich großen Herausforderungen zu stellen, brauchen sie eine schützende Hand, die ihnen Sicherheit gibt, dass nichts Schlimmes passieren kann, wenn sie etwas wagen. Sie sollten versagen, ja sogar scheitern dürfen, ohne Ansehen zu verlieren oder Spott zu ernten. Unter pädagogischen Gesichtspunkten ist Theaterspielen ein geeignetes Betätigungsfeld, um sich selbst zu erproben. Gerade ängstliche Kinder und Jugendliche können sich auf der Bühne aus ihrer Isolation lösen. In der Geborgenheit der Gruppe und unter der schützenden Hand des Regisseurs setzen sie sich einem Publikum aus, das sie in der Regel fliehen. Theaterspielen hat den Vorzug, dass man in relativ kurzer Zeit eine Rolle lernen kann, aber den Mut aufbringen muss aufzutreten. Deswegen sollte das Theaterspiel zum Standardprogramm jeder Schule zählen.

Ich erinnere mich an Elisabeth, die immer an sich zweifelte und diese Selbstzweifel andere spüren ließ. Die Gleichaltrigen reagierten ihrerseits aggressiv. Diesem Teufelskreis konnte sie nicht entrinnen. Sie bewarb sich eines Tages bei der Theatergruppe der Schule, wurde aber keineswegs mit offenen Armen begrüßt. Der Lehrer, der Regie führte, erkannte die Chance für Elisabeth, ihre Selbstzweifel zu bekämpfen, wenn die Gruppe ihrer Bewerbung zustimmte. Es bedurfte seiner großen Überredungskünste und gesammelten Autorität, um die Gruppe dazu zu bewegen. Und es wurde eine Erfolgsgeschichte — aber der Weg zum

Erfolg war mit vielen Konflikten, Niederlagen, Beinaheausschlüssen und Versuchen des Neubeginns gepflastert. Elisabeth erfuhr das Theater wie eine Katharsis, sie wurde selbstbewusster, die negative Energie, die bisher ihre Aggressionen genährt hatte, wandelte sich in positive Kraft. Uns erschien es wie ein kleines Wunder. Voraussetzung war der Schutzraum, die der Regie führende Lehrer und die Gruppe ihr boten.

Wer im Dienste der Menschen Macht ausübt, wird eine Atmosphäre der Sicherheit und des Schutzes bieten, derer sie so sehr bedürfen. Unsere Existenz ist täglich bedroht, physisch durch Krankheit, materiell durch Verlust des Arbeitsplatzes, psychisch durch mangelnde Anerkennung oder Liebe. In einer Familie aufwachsen zu dürfen, die Geborgenheit verheißt, Lehrern zu begegnen, die einen fürsorglich leiten, oder mit Vorgesetzten arbeiten zu dürfen, die einen spüren lassen, dass sie ihre Mitarbeiter schützen, diese positiven Auswirkungen von Führung steigern die Lebenskraft von Kindern und Erwachsenen und schaffen Energie und Tatkraft.

Dass der Chef eines mittelständischen Unternehmens Zeit fand, seine Mitarbeiterin nach einem Unfall im Krankenhaus zu besuchen, ihr Mut zuzusprechen und ihr die Sicherheit zu geben, dass sie trotz längerer Genesungszeit ihren

Arbeitsplatz nicht verlieren würde, wirkte wie eine zusätzliche Medizin. Dieser Akt der Fürsorge sprach sich im Betrieb herum und erhöhte das Gefühl, unter der Führung dieses Chefs einen Schutz zu genießen, der durch keine rechtliche Sicherheit aufgewogen werden kann.

Führend tätige Menschen haben die Pflicht, Sicherheit zu gewähren. Dazu gehört auch der Schutz vor übler Nachrede, vor Intrigen, vor Ausbeutung und vor anderen Ungerechtigkeiten. Schulleiter sollten Schüler vor Verleumdung und vor ungerechter Behandlung schützen, aber auch Lehrer, wenn sie von Eltern oder Kollegen ungerechtfertigt angegriffen werden. Eltern, die dem Schulleiter ja nicht unterstellt sind, sollten trotzdem auf seinen Schutz rechnen dürfen, wenn sie die Interessen ihres Kindes gefährdet sehen.

Der Lohn dafür, dass einer sich der Führung eines Mächtigeren anvertraut und bereit ist, dessen Willen zu erfüllen, muss der Schutz sein, den der Mächtige bietet. Diese Rolle kann anstrengend sein, weil die Prüfung einer als ungerecht erlebten Handlung Zeit kostet, die Vorgesetzte ungern aufwenden, weil sie nicht unmittelbar dem Unternehmensvorteil zu dienen scheint. Der mittelbare Gewinn ist aber hoch anzusetzen, denn das Gefühl von Sicherheit steigert die Arbeitskraft aller Menschen.

4
Sei Vorbild!

Philipp interessierte sich mit vierzehn Jahren zum Erstaunen seiner Eltern von einem auf den anderen Tag für Botanik. Der Eifer, mit dem er Pflanzen zu bestimmen begann, und mit dem er im häuslichen Garten jätete, anpflanzte, goss und erntete, fand bald eine Erklärung: Ein neuer Lehrer war in sein Leben getreten, ein Lehrer, den er verehrte, und der ein begeisterter Botaniker und Gärtner war. Mit ihm hatte Philipp manchen Nachmittag verbracht, sie waren gemeinsam durch Wald und Wiesen gewandert und hatten den Garten des Lehrers gestaltet.

Zum ersten Mal erlebten Philipps Eltern, mit denen ich befreundet bin, dass sich ihr Sohn für etwas wirklich begeistern konnte. Der Lehrer hatte bei dem verträumten Jungen eine Passion geweckt. Philipp identifizierte sich mit den Interessen des Lehrers, er hatte ihn zu seinem Vorbild erkoren. Selten habe ich so anschaulich die Macht eines Vorbildes erlebt. Die Botanik war nur zufällig das Gebiet, das Philipp nachahmte. Entscheidend für sein Leben war, dass der Lehrer in ihm ein Feuer entfacht hatte, das seither nicht mehr erloschen ist und sich auf neue Inhalte ausbreitete. Der Lehrer war eine überzeugende Persönlichkeit und besaß Charisma.

Politische Bewegungen verdanken ihren Erfolg häufig einem charismatischen Menschen, einem begnadeten Redner, der seine Anhänger verzaubern und begeistern kann, der die Idee einer besseren Welt entwirft und daher wie ein Messias begrüßt wird. Personen, die eine solch fesselnde Ausstrahlung besitzen, können auch Firmen, Schulen oder Hochschulen führen. Sie wirken wie ein Versprechen auf eine glücklichere Zukunft.

Oft lösen sie jedoch die Erwartungen, die sie hervorrufen, nicht ein. Sie erweisen sich eher als Verführer denn als Führungspersönlichkeiten, ihren verlockenden Gesten folgen keine Handlungen, die verkündeten Visionen bleiben Träume; irgendwann kommt dann der Zeitpunkt, wo sich die Mitarbeiter aufspalten in diejenigen, die ihnen weiterhin folgen und sich in ihrer Aura sonnen, und in diejenigen, die sich zu ihren Gegnern wandeln. Charismatisch Begabte laufen Gefahr, einem selbstschädigenden Narzissmus zu verfallen. Das ist dann der Fall, wenn ihr Interesse und ihre Sorge nicht mehr den ihnen anvertrauten Menschen gelten. Auch unter Lehrern trifft man auf solche Zauberer.

Wir sehnen uns nach Leitern, Chefs, Unternehmensführern und Staatsmännern, die Ausstrahlung und Autorität besitzen. Außerdem wollen wir, dass sie als Vorbild dienen. Deswegen neigen wir dazu, charismatische Führung zum Leitbild von Führung zu erheben. Wir wünschen uns Frauen oder Männer an der Spitze, die souverän auftreten und gerecht handeln, die uns Schutz bieten, die Gefühle in uns wecken und die wir verehren können. Menschen in führenden Stellungen wollen ihrerseits nicht nur geachtet, sondern »geliebt« werden. Führung ohne jede Ausstrahlung wird nicht gelingen. Aber Führung, die nur auf Charisma beruht, wird scheitern und kann mehr Schaden anrichten als eine Führung, die auf Tugenden wie Verlässlichkeit, Gerechtigkeit und Vertrauen baut.

In früheren Zeiten orientierte sich Führung vornehmlich am Bild des Feldherrn und Staatsmannes. Heute ist an diese Stelle der Wirtschaftsführer beziehungsweise der Unternehmer getreten. Die Übereinstimmung von Persönlichkeit und Führungskompetenz charakterisiert jedoch beide Führungstypen. So war Friedrich der Große, der sich in den Dienst seines Landes stellte und mit seinen Soldaten in die Schlacht zog, ein Vorbild an Mut und Gerechtigkeit, zugleich aber ein genialer Stratege. Respekt vor der Würde der Mitarbeiter leitete auch das Handeln von Robert Bosch, der als Prototyp des Unternehmers gilt. Auch seinen Mythos begründete die Verbindung von vorbildlicher Führung und technischem sowie kaufmännischem Geschick. Friedrich der Große und Bosch identifizierten sich mit ihrer Aufgabe und steigerten dadurch ihre Überzeugungskraft.

Unternehmer, nicht Manager sollten daher das Modell für Führung abgeben. Wenn wir von Managern sprechen, denken wir an gut ausgebildete Technokraten, die ihre organisatorischen Fähigkeiten primär in den Dienst der Gewinnmaximierung stellen, beim Begriff Unternehmer haben wir jedoch Personen vor Augen, die die Gewinne zugunsten einer Idee und zum Wohle ihrer Mitarbeiter maximieren.

Das Bild des Unternehmers weckt wohlwollende Assoziationen im Volk. Glauben an sich selbst, Eigenverantwortung und Selbstdisziplin sind Eigenschaften, die man ihm zuschreibt. Menschen mit solchen Wesenszügen strahlen Überlegenheit, Autorität und Vertrauen aus. Denn wer sich etwas zutraut und verantwortlich denkt und handelt, wird anderen etwas zutrauen; er wird andere ernstnehmen und sie dafür begeistern, gemeinsame Ziele zu erreichen.

Autorität und Respekt gegenüber seinen Mitarbeitern zeichneten Marcus Bierich aus. Er war über viele Jahre hinweg Vorsitzender der Geschäftsführung und des Aufsichtsrats der Robert Bosch GmbH. Wenn seine Sekretärin während einer Sitzung den Raum betrat, um ihm etwas mitzuteilen, stand er auf und nahm die Information stehend entgegen. Er war ein vornehmer Herr, der seine Mitarbeiter schon durch die Form, wie er mit ihnen umging, würdigte.

Letztlich kann nur erfolgreich führend tätig sein, wer als Vorbild wirkt. Wenn die hehren Grundsätze, die vielen Führungsleuten leicht über die Lippen gehen, nicht mit ihren Taten übereinstimmen, verlieren sie das Vertrauen ihrer Mitarbeiter. Gleiches gilt für Eltern, Lehrer und Erzieher und die ihnen anvertrauten Kinder und Jugendlichen.

Der Unternehmer Reinhold Würth verbindet wirtschaftlichen Erfolg mit dem Ethos des verantwortungsbewussten Bürgers. Er verkörpert die Einheit von akademischer Bildung und Charakterbildung; das macht ihn zum Vorbild. Seine Bildung offenbart sich in seinen Taten. Er sammelt Kunst. Weil er an ihre bildende Kraft glaubt, ist seine Kunstsammlung allen Mitarbeitern zugäng-

lich und befindet sich nicht nur in der Vorstands-
etage. Mitarbeiter können sogar Bilder oder Plasti-
ken für ihr Zuhause ausleihen. Seine Sammlung ist
Ausdruck eines gestaltenden Geistes, sie ist selbst
ein Kunstwerk. Reinhold Würth erwartet von den
Mitarbeitern nicht nur, dass sie sich weiter qualifizieren, sondern dass sie sich bilden. Darin mani-
festiert sich sein Respekt vor den Mitarbeitern.

Auch pädagogische Arbeit kann ohne Vorbild
nicht gelingen. Die Kinder liebten und verehrten
Frau B., weil sie jeden Tag voller Tatkraft, mit An-
mut und heiterer Miene den Raum betrat. Sie
strahlte Zuversicht aus, ganz besonders durch die
Art ihrer Zuwendung. Jedes Kind fühlte sich persönlich angesprochen. Frau B. freute sich jeden
Morgen auf die Kinder, weil sie ihnen viel geben
konnte und genauso viel von ihnen zurückbekam.
Ihr Beruf machte sie glücklich, sie ging ganz in ihrer Tätigkeit auf. Welch ein Glück für diese Kinder, dass ihnen täglich ein freier Mensch entgegen-
trat, eine Frau, die sie beherzt an der Hand nahm,
ihnen viel zutraute, weil sie sich selbst viel zutraute. Erziehung heißt, ein Kind zur Selbstständigkeit und Freiheit zu führen. Sie erfüllte diesen
Auftrag, weil ihre Arbeit Ausdruck ihrer Persönlichkeit war. So konnte sie zu einem Vorbild werden, dem junge Menschen folgen wollen. Jeder ist
nur so lange Vorbild, wie er glaubwürdig wirkt.

Niemand kann Vorbild sein, der nicht bereit ist, das zu tun, was er anderen abverlangt. Mahatma Gandhi, das Vorbild der Vorbilder, wurde eines Tages von einer Mutter mit ihrem Kind aufgesucht. Sie bat ihn, kraft seiner Autorität ihr Kind davon zu überzeugen, das Naschen sein zu lassen. Gandhi hieß die Mutter, in vierzehn Tagen wiederzukommen. Das tat sie, und erst dann führte er das gewünschte Gespräch mit dem Kind. Auf die Frage der Mutter, warum er nicht schon vor vierzehn Tagen mit ihm gesprochen habe, antwortete Gandhi: Er habe die Zeit gebraucht, um sich selbst diese Unart abzugewöhnen. Denn er könne dem Kind das Naschen nur ausreden, wenn er selbst nicht mehr nasche. Auf diese Einstellung gründete sein Erfolg, viele weitere Beispiele bezeugen das.

Verlässlichkeit bildet das Fundament jeder vorbildlichen Haltung. Wer auf Führung angewiesen ist, weil er den Weg nicht kennt, braucht Sicherheit, dass er richtig geleitet wird. Wenn Eltern, Lehrer und Erzieher keine Sicherheit bieten, weil sie selbst den Weg nicht wissen oder weil sie zu träge sind, den richtigen Weg zu erkunden, werden sie ein Gefühl der Unsicherheit hervorrufen. Das gilt selbst, wenn das Ziel letztlich erreicht wird.

Kinder fühlen sich dann bei ihren Eltern geborgen, wenn sie sich auf sie verlassen können. Sie erwarten, dass ihre Eltern wissen, was sie tun, und dass sie ihren Worten Taten folgen lassen, dass sie versuchen, gerecht zu handeln, und dass sie mit Humor auf eigenes Versagen und auf das der Kinder reagieren können. Sie bewundern ihre Eltern für ihre Ehrlichkeit, ihren Mut, zu sich zu stehen, für ihre Toleranz und Selbstdisziplin. Auch wenn Kinder vielfach rebellieren, wollen sie doch so sein wie die Eltern. Sie sehen an ihren Eltern auch, welches Ansehen eine integre Haltung bringt.

In der Erziehung ist Führung durch Vorbild der Königsweg. Wem Kinder und Jugendliche folgen, weil sie so sein wollen wie die für sie Verantwortlichen, der hat schon gewonnen. Die Gefährdung aller Vorbilder ist pharisäische Selbstgerechtigkeit. Das einzige Heilmittel dagegen ist Humor. Niemand kann Vorbild sein, dem es an Humor fehlt.

Obwohl Vorbildlichkeit eine so zentrale Rolle in der Pädagogik spielt, kann jeder Vater, Mutter, leider auch Lehrer oder Schulleiter werden, ohne dass seine Eignung an dem Kriterium gemessen wird, ob er ein Vorbild sein kann. Vater oder Mutter werden zu dürfen, gilt als Menschenrecht; lediglich formale Einwände kann der Staat dagegen erheben. Die Anstellung von Lehrern und Schulleitern könnten die zuständigen Autoritäten davon abhängig machen, ob sie zum Vorbild taugen. Sie tun es jedoch ganz selten.

Die Wirkung als Vobild gewinnt durch Ausstrahlung, exzellenten Verstand, Kreativität, starke Persönlichkeit, aber auch durch Intuition, Empathie und Gespür für Ideen, deren Zeit gekommen ist. Es sind »angeborene« Begabungen, die für Führungspositionen höchst nützlich sind, aber nicht vorausgesetzt werden können. Unter dem Begriff emotionale Intelligenz lassen sich diese Eigenschaften zusammenfassen. Menschen mit solchen Begabungen werden mit Recht in höhere Führungspositionen berufen. Ihnen ist aber trotzdem zu raten, das nötige Handwerk zu lernen.

Eitelkeit beeinträchtigt vorbildliches Aufreten und ist unter Chefs weit verbreitet. Sie gilt gemeinhin als die einzige Untugend, die nur demjenigen schadet, der sie besitzt. Das trifft lediglich zum Teil zu. Eitelkeit kann Chefs lähmen und ihr Urteilsvermögen verstellen. Mitarbeiter, die geschickt auf der Klaviatur der Manipulation spielen, können solche Chefs leicht beeinflussen und bei ihnen dadurch viel erreichen. Wer ehrlich mit ihnen umgeht und ihre Eitelkeiten nicht befriedigt, dem droht »Liebesentzug«. Viele erliegen der Verführung, sich im Glanz des Erfolgs zu sonnen und dabei sogar die Verdienste anderer daran zu schmälern. Häufig trifft das auch auf Persönlichkeiten zu, die man bewundert, und bei denen man sich dann fragt, warum ihr Erfolg sie nicht souveräner reagieren lässt.

Ein Leiter, der zu Selbstkritik fähig ist und Fehler eingestehen kann, wird die Herzen seiner Mitarbeiter gewinnen. Das gilt auch für Eltern, Lehrer und Erzieher. Man soll nicht unterschätzen, welcher Selbstdisziplin es bedarf, um Kritik nicht nur anzuhören, sondern sie auch zu beherzigen.

Eine Standardkritik lautet: Führungspersönlichkeiten würden zu wenig loben. Als Reaktion auf solche Kritik flüchten Vorgesetzte gern in allgemeines Lob, weil es sie nichts kostet, und weil es ihnen oft zu anstrengend ist, sich genauer damit auseinanderzusetzen, was ein Mitarbeiter tut und wie er seine Tätigkeit ausführt. Trifft eine Kritik den Vorgesetzten ins Mark, heißt es beispielsweise, er wirke herablassend und autoritär, es mangle ihm an persönlicher Zuwendung, an Toleranz und gar an ehrlicher Offenheit, dann bedarf es großer Souveränität des Betreffenden, um sich innerlich nicht zu verschließen. Wer dann nicht souverän agieren kann, verspielt seine wohltuende Wirkung als Führungspersönlichkeit.

Führend Tätige sollten sich Beratung zur Einübung in Selbstreflexion leisten, vor allem in Selbstreflexion über ihren Umgang mit der Macht, über die Wirkung der Macht auf die eigene Person und über ihre Stärken und Schwächen beim Führen.

Die Fähigkeit, Entscheidungen richtig und schnell zu treffen sowie sie konsequent zu einem guten Ende zu führen, erhöht das Vertrauen anderer in die eigene Führungsfähigkeit. Wer zu viel abwägt und darüber zum Zauderer wird, verunsichert. Mut zum intuitiven Urteil und Mut, eine Entscheidung gegen viele Widerstände durchzuhalten, zeichnen eine starke Führungspersönlichkeit aus. Wahre Größe aber zeigt derjenige, der auch den Mut hat, eine als falsch erkannte Entscheidung zu revidieren.

Entscheidungen, die in die Tat umgesetzt wurden, sind die Spuren, die Leiter oder Unternehmensführer hinterlassen. An ihnen misst man ihre Führungsstärke, weil alle anderen Führungseigenschaften nichts nützen, wenn sie nicht zu wirksamen Beschlüssen gerinnen. Entscheidungen zu treffen, die den Nutzen des Unternehmens mit den moralischen Vorstellungen der Gesellschaft verbinden, die Verantwortung auch für Leid und Not zu übernehmen, die diese Entscheidungen verursachen können, dies glaubwürdig zu tun, die psychische Belastung auszuhalten, wenn der Erfolg einer getroffenen Entscheidung auf sich warten lässt, und die Verantwortung für Fehlentscheidungen zu tragen – das alles macht einsam. Nur ein starker Charakter wird die Spannungen und die Einsamkeit aushalten können, die das Entscheiden mit sich bringt.

Unternehmensführer, Vorgesetzte, Lehrer und

Eltern müssen wissen, dass Mitarbeiter, Jugendliche und Kinder Entscheidungen akzeptieren, die sie als gerecht empfinden. Mitarbeiter und junge Menschen neigen jedoch dazu, den Wert der Gleichheit zum Maßstab von Gerechtigkeit zu erheben. Ein Leiter sollte aber nach der klassischen Maxime »Suum cuique«, »Jedem das Seine«, handeln. Gerechtigkeit als Tugend setzt moralisches Urteilsvermögen, Mut, Unbestechlichkeit und Standfestigkeit voraus. Gerechtigkeit ist kein Zustand, der sich durch institutionelle Maßnahmen sichern lässt; sie wird von Personen hergestellt, die die Macht und den Mut besitzen, diesem Wert durch beherztes Handeln Geltung zu verschaffen. Gerecht entscheiden und eine solche Entscheidung glaubwürdig vertreten zu können, qualifiziert führend Tätige. Gelingt es ihnen, erfüllen sie dadurch die höchsten Ansprüche, die an eine Führungspersönlichkeit gestellt werden können, nirgendwo sonst sind sie so als Person gefordert wie hier. Die die Gerechtigkeit zuweilen begleitende Härte wird durch Güte gemildert, die jeder Vorgesetzte ausstrahlen sollte. Denn Gerechtigkeit ohne Güte, christlich gesprochen ohne Barmherzigkeit, kann die Menschlichkeit verfehlen, die sie ja gerade herstellen soll.

Herrn K. umgab eine Aura der Macht. Jeden Morgen erschien er pünktlich in der Firma, man konnte die Uhr danach stellen. Pünktlichkeit war ein Ausdruck seiner Verlässlichkeit. Sein Erscheinen verbreitete Sicherheit und wirkte ordnend auf seine Mitarbeiter. Er pflegte nach einem kurzen Aufenthalt in seinem Büro durch die Firma zu gehen. Meist suchte er eine Abteilung oder einen leitenden Mitarbeiter auf, um anstehende Fragen zu besprechen. Den Gang nutzte er, um Präsenz zu zeigen, zu beobachten, Mitarbeiter zu grüßen und vielleicht das eine oder andere Gespräch zu führen. Er besuchte vor allem die Produktionsstätten, ein aufmunterndes Wort auch zu Auszubildenden war immer von ihm zu erwarten. Manchmal ließ er sich etwas erklären. Diese Momente wurden begrüßt, aber auch ein wenig gefürchtet, weil er genau fragte, und weil er präzise Antworten erwartete.

Er hatte den Betrieb aufgebaut und zum Erfolg geführt. Die Mitarbeiter fühlten sich unter seiner Führung sicher, weil er für sie ein Garant des Erfolgs war. In Krisenzeiten blieb er gelassen, immer wirkte er erholt. Eine Eigenschaft schätzten seine Angestellten besonders: Herr K. schien immer Zeit zu haben, Zeit für ein kurzes Gespräch, Zeit zum Zuhören, Zeit für Gänge durch den Betrieb. Seine Identifikation mit der Firma steckte andere an, ihre Identifikation mit ihrem Chef wiederum führte dazu, dass sie Fortschritte ihrer Arbeit als persönliches Glück erlebten.

Durch ihn herrschte in der Firma aber auch eine Atmosphäre der Humanität. In einer Welt voller Intrigen und Korruption stellte sein Unternehmen eine Oase der Gerechtigkeit und Güte dar. Seine Aura der Macht erlebten viele Mitarbeiter mit einem gewissen Schauer, sie wirkte aber auch schützend.

Ein Unternehmer wird genau wissen, wie abhängig er von seinen Mitarbeitern ist, und wie abhängig die Mitarbeiter von ihm sind. Diese Wechselbeziehung zu bejahen und täglich zu bestätigen, wird die innere Freiheit der Mitarbeiter vermehren. Sie sollen wissen, dass auch sie Macht besitzen. Das Gefühl der Unabhängigkeit wird ihr Wohlbefinden und ihre Arbeitskraft steigern.

Kaum eine Tätigkeit verbindet Persönlichkeit und Können so eng wie eine Führungstätigkeit, ob es sich um die Führungstätigkeit in einem Wirtschaftsunternehmen, einer Bildungseinrichtung oder einer Schulklasse handelt oder um die Führungstätigkeit zu Hause bei der Erziehung von Kindern. Einem Vorbild nachstreben zu dürfen, ist ein Privileg. Wer als Vorbild auftreten kann, gewinnt die Herzen der ihm Anvertrauten. Wenn derjenige dann noch die Kunst des Führens beherrscht, wird jeder sich glücklich schätzen, der sich solcher Führung anvertrauen darf.

5
Setze klare Ziele!

Lehrer verschwinden täglich in ihren Klassenräumen; niemand weiß, was dort geschieht, außer den Schülern; diese finden es aber nicht interessant genug, um darüber zu berichten. Folglich bleiben die Vorgänge in den Klassenräumen ein Geheimnis. So findet etwa Deutschunterricht in vier parallelen Klassen statt, und kein Lehrer ahnt, was sein Kollege tut. Es gibt keine Zusammenarbeit, keine gegenseitige Information, keine gegenseitige Hilfe, keine gegenseitige Anerkennung oder Kritik.

Lehrer begreifen sich als individuelle Künstler. Sie sind Herren des Unterrichtsgeschehens. Sie interpretieren die Autonomie, die ihnen das Gesetz gewährt, als das Recht, ihren Unterricht wie ein Kunstwerk nach eigenem Qualitätsempfinden zu gestalten. Solange sie die gesetzlichen Vorgaben einhalten — Versetzungsordnung, Notengebung, Lehrpläne et cetera – und solange keine Beschwerden kommen, bleiben sie in der Regel von Aufsicht und Führung verschont. Was guter Unterricht ist, bestimmen sie selbst.

Selten machen sie sich klar, dass ihre Autonomie auch zur Vereinzelung führen kann. Sie arbeiten unter dem Diktat, jede Situation allein meistern zu müssen. Wenn einem Lehrer, der neu im Geschäft ist, einmal der Unterricht misslingt und er anschließend im Lehrerzimmer hilfesuchend darüber berichtet, muss er mit Reaktionen rechnen, die sein Unglück nur noch vermehren: Man könne das gar nicht verstehen, gerade die Schüler dieser Klasse fräßen einem aus der Hand, wenn man sie richtig anpacke. Solche hilfesuchenden Signale wird der junge Lehrer vielleicht noch ein paar Mal aussenden und dann erkennen, dass es gegen den Gedanken der Autonomie verstößt, anderen Einblick in eigene Schwierigkeiten zu gewähren. Ein noch größeres Sakrileg würde ein Lehrer begehen, wenn er sich anmaßen würde, den Unterrichtsstil eines Kollegen zu kritisieren.

Herr F. begann als frischgebackener Lehrer seinen Dienst in einer neunten Klasse. Die Schüler strömten ins Klassenzimmer, schubsten sich, die Jungen warfen mit Ausdrücken um sich, einige Mädchen setzten sich ruhig auf ihre Plätze, andere kreischten und keiften. Keiner kümmerte

sich um Herrn F. Das Klingelzeichen wurde über-
hört, Herr F. musste sich mit lauter Stimme Gehör verschaffen. Nach mehreren Versuchen trat
einen Augenblick lang Ruhe ein, aber schon
schwirrte ein Papiergeschoss nach vorne und ver-
fehlte den Papierkorb – oder hatte es Herrn F.
gegolten?

Die Jungen und Mädchen waren nicht feind-
selig, sie waren einfach ausgelassen und ließen
ihren Einfällen und Launen freien Lauf. Sie er-
warteten einen Lehrer, der durch sein Auftreten
signalisierte, dass er eine klare Vorstellung davon
hatte, was in der kommenden Stunde passieren
sollte. Stattdessen erschien ein Erwachsener, der
Unsicherheit ausstrahlte und gar nicht erwachsen
wirkte. Die Schüler testeten den Neuen, sie taxier-
ten sein Auftreten, seine Kleidung und seine Kör-
persprache. Diese Themen verdrängten jedes Interesse am Gegenstand des Unterrichts.

Viermal in vier neuen Klassen wiederholte sich
diese Szene an einem einzigen Vormittag. Herr F.
fühlte sich allein, er wagte nicht, um Rat zu fragen, denn er glaubte, solche in seinen Augen bana-
len Situationen ohne Hilfe bestehen zu müssen.
Einzelne Schüler sahen seine Not. Sie empfanden
die dauernde Unruhe auch als zu nervenaufrei-
bend und rieten ihm, er solle autoritärer auftreten,
so wie der gestrenge Herr X. Jener Herr X. ent-

sprach aber so gar nicht seinem Idealbild eines Lehrers, er hielt ihn für herrisch und unpädagogisch. Wie konnten die Schüler ausgerechnet ihn als Vorbild empfehlen?

Mit den ersten Stunden begann das Leiden von Herrn F., und es verlängerte sich von Woche zu Woche. Um Ruhe herzustellen, ließ er sich durch Fragen vom Thema abbringen, Fragen nach trivialen Vorgängen und Ereignissen, die gerade die pubertierenden Gemüter erregten und nur ein Ziel verfolgten, nämlich vom Unterricht abzulenken.

An seiner Unfähigkeit, die fundamentalen Bedingungen für Unterricht herzustellen, litt er Tag und Nacht, doch von seiner Verzweiflung erfuhr niemand etwas, da er ja mit keinem darüber sprach. Er fühlte sich alleingelassen, der Schulleiter erschien ihm nicht als Freund und Helfer, er fürchtete sein vernichtendes Urteil und Folgen für seine Probezeit. Seine Angst vor dem eigenen Versagen mischte sich mit der Angst vor den Schülern, vor seinen Kollegen und vor der Schulleitung. Angst jedoch ist ein schlechter Ratgeber. Sie ruft falsche Reaktionen hervor, die immer tiefer ins Elend hineinführen.

Warum kommt ein junger Lehrer nicht auf die Idee, Kollegen oder gar die Schulleitung um Hilfe zu bitten? Er könnte den Klassenlehrer fragen, ob er seinen Unterricht besucht, um ihn auf Fehler aufmerksam zu machen. Solches Verhalten passt jedoch nicht in die Kultur von Schulen. Lehrer verinnerlichen schnell das Selbstbild ihres Berufsstandes: Hilf dir selbst, sonst hilft dir keiner.

Als junger Lehrer, der direkt von der Universität ohne vorbereitendes Studienseminar an einer Schule unterrichtete, erging es mir ähnlich wie Herrn F.: Ich verzweifelte an meiner Klasse und an mir selbst. Schließlich nahm ich mir ein Herz und wandte mich an die Schulpsychologin. Sie war sehr direkt im Umgang mit uns Lehrern. Ihr spontaner Kommentar: »Sie haben Angst vor den Schülern, weil Sie nicht genau wissen, was Sie wollen. Was wollen Sie denn mit Ihrem Unterricht erreichen?« Ich stotterte herum, sprach von der Vermittlung des Unterrichtsstoffs und äußerte anderes krauses Zeug, weil ich mir diese Frage zuvor nie klar gestellt hatte. Die »Therapie« der Schulpsychologin bestand darin, mit mir darüber nachzudenken, welches Ziel nicht ich, sondern die Schüler erreichen sollten. Die gemeinsame Analyse ergab ein klägliches Bild: Letztlich wollte ich, vor allem auch vor Kollegen, als guter Lehrer dastehen, und als solcher galt ich in meiner Vorstellung, wenn die Schüler aufmerksam und motiviert den Plan meiner vorbereiteten Stunden erfüllten. Dass sie stattdessen über Tische und Bänke sprangen, wollte ich vor der Schulöffentlichkeit verbergen. Mein

Scheitern versuchte ich mit autoritären Mitteln zu überspielen. Gemeinsam mit der Psychologin erarbeitete ich als Ziel meines Unterrichts, jeden Schüler als Individuum anzusehen und ihm zu Erfolgserlebnissen verhelfen zu wollen. Ich veränderte meine Unterrichtsvorbereitung und bat auf Anraten der Psychologin die Klassenlehrerin, ab und zu in meine Stunden zu kommen, damit die nötige Ruhe entstand, um mein neues Handwerkszeug vorführen zu können. Ich folgte der Erkenntnis, dass Führung klare Ziele braucht. Klarheit schafft Sicherheit. Schüler honorieren klare Führung durch Aufmerksamkeit. Es war der Beginn meines sehr langsam wachsenden souveräneren Auftretens vor der Klasse.

Herr S. kam meist unvorbereitet in die Klasse. Er pflegte am Buch entlang zu unterrichten, das gelang im Fach Englisch, ohne dass sich die Schüler daran störten. Den schwächeren unter ihnen war es recht, weil sie so schematisch und ohne viel Nachdenken lernen konnten, die begabten langweilten sich. Zur Auflockerung des Unterrichts zeigte er verhältnismäßig oft Filme. Auch Herr S. ging gern den Schülern auf den Leim, wenn sie ihren üblichen Sport trieben und ihn nach diesem und jenem fragten, um vom Thema des Unterrichts abzulenken. Das kam Herrn S. entgegen, weil Zeit verstrich, die er wegen seiner schlechten

Vorbereitung sowieso schwer hätte füllen können. Herr S. gab gute Noten, dadurch verhinderte er, dass sich Schüler beschwerten.

Im Kollegium hatte sich längst herumgesprochen, wie wenig Aufwand Herr S. betrieb, um seinen Unterricht abzuwickeln. Da sich niemand beschwerte, und Herr S. eine ehrliche Haut war, hatte sich auch der Schulleiter daran gewöhnt, die Defizite von Herrn S. hinzunehmen. Er hatte neben der Verwaltung der Schule genügend Sorgen mit anderen Lehrern, die im Unterricht nicht zurechtkamen, oder über die Eltern Klage führten.

Herrn S. verführte seine Autonomie als Lehrer, sich bequem einzurichten. Niemand setzte sich mit ihm zusammen und erörterte mit ihm, welche Ziele er mit seinem Unterricht verfolgen sollte. Deswegen wählte er als Ziel das, was er im Lehrplan vorfand und was sich im Schulbuch niedergeschlagen hatte: Er nahm bis zum Schuljahresende ein vorgeschriebenes Quantum Lehrstoff durch.

Viele Lehrer und vor allem Schulleiter versäumen es, einen wesentlichen Grundsatz guter Führung zu beherzigen: Sie formulieren keine klaren Ziele. Lehrer verständigen sich zu selten mit Schülern und Schulleiter zu selten mit Lehrern darüber, wie sie diese Ziele erreichen können. Es verbreitet sich zwar die Erkenntnis, dass auch

Schulen ihre »Philosophie« formulieren und ihre Unternehmensziele in sogenannten *mission statements* niederlegen sollen, um in der Sprache der Wirtschaft zu sprechen. Das genügt aber nicht. Lehrer müssen die Ziele ihrer Schule im Unterricht umsetzen. Sie müssen gemeinsam darüber nachdenken und diskutieren, was sie erreichen wollen. Wenn man die Unterrichtsziele vieler Lehrer auf einen Begriff brächte, würde man verwundert oder erschreckt feststellen, dass fachliche Ziele dominieren: Lehrplanvorgaben, Ziele der Versetzungsordnung oder das, was sie, wie im beschriebenen Fall, im Schulbuch vorfinden. Damit würde der Vorwurf vieler Schulreformer bestätigt, dass Lehrer Fächer und nicht Schüler unterrichten. Lehrer sprechen untereinander weit mehr über Strukturen und über das System Schule als über Schüler. Wenn sie begriffen hätten, dass das Ziel von Unterricht Bildung sein sollte, also die Veränderung und vor allem die Stärkung der Persönlichkeit von Schülern durch den Erwerb von Wissen, würde ihnen das nicht passieren. Man kann gute Schulen daran erkennen, dass sich dort Schulleiter und Lehrer klare Ziele gesetzt haben.

Günter Offermann führt die Friedrich-Schiller-Schule in Marbach am Neckar »wie ein Patriarch«, heißt es in einer Zeitungsmeldung, allerdings wie ein Patriarch, der sehr gut zuhören kann. Er hat für seine Schule ein Motto gewählt, das sich auch die Lehrer der Schule zu eigen gemacht haben: »Jeder kommt ans Ziel.« Wie genau sie diesen Satz beherzigen, kann man daran erkennen, dass an diesem großen Gymnasium mit zweitausend Schülern beinahe alle Schüler jedes Jahr versetzt werden. Außerdem müssen weit weniger Schüler als an anderen Gymnasien auf die Realschule wechseln, weil sie das gymnasiale Ziel nicht erreichen.

Selbstverständlich müssen die Lehrer auch hier den Stoff vermitteln, den die Versetzungsordnung vorschreibt. Ihre Anstrengung gilt jedoch jedem einzelnen Jugendlichen. Sie prüfen dessen individuelle Stärken und Defizite und ergreifen Maßnahmen, um ihn auf die Versetzung vorzubereiten. Auf diese Weise erreicht den Schüler die Botschaft: Es geht um dich und deinen Erfolg. Die Lehrer bringen also nicht nur den Stoff bei, sondern führen den Jugendlichen so, dass er seine Kräfte zu entdecken und mit seinen Schwächen umzugehen lernt. Sie werden nach Ursachen seines Versagens forschen, die in der Familie oder in seiner Person liegen mögen. Sie werden auch nach Wegen suchen, wie sie einem Mädchen oder Jungen zu Anerkennung außerhalb des Unterrichts verhelfen können, sei es im Theater, beim Sport, im technischen Bereich oder auch im Computerwesen. Denn solche Anerkennung macht den Betroffenen Mut, sich auch in den ungeliebten Gefilden des Unterrichts zu erproben.

Die Lehrer werden aber auch prüfen müssen, ob die Lernschwierigkeiten mancher Schüler nicht aus ihrem Unterrichtsstil resultieren. Eine solche Selbstprüfung bedarf der Unterstützung durch den Schulleiter. Denn selten wird ein Lehrer innerlich so unabhängig sein, dass er die Ursache des Schulversagens von Schülern bei sich sucht. Wenn sich aber die Lehrer einer Schule auf ein so klares, einfaches Ziel geeinigt haben wie an der Schiller-Schule, dann bildet diese Vereinbarung das Fundament, auf dem der Schulleiter ein kritisches Gespräch beginnen kann.

Günter Offermann nimmt sich Zeit für Unterrichtsbesuche und prüft mit seinen Lehrern gemeinsam, ob sie das Leitmotto verwirklichen. Dieses oberste Ziel, dem sie alle anderen Ziele unterordnen, erlaubt ihnen, in dem komplexen System Schule unterscheiden zu können, was pädagogisch richtig und was falsch ist. Erfolgreiche Unternehmer und Schulleiter können die komplexe Wirklichkeit auf ein Ordnungsprinzip oder auf eine Idee reduzieren. Dadurch bündeln sie die Kräfte. Viele Schul- und Firmenleiter machen den Fehler, dass sie zu viele Ziele gleichzeitig verfolgen, weil sie versuchen, alles unterzubringen, was ihnen wichtig ist. Solche Leitlinien strahlen Langeweile aus und lähmen alle Betroffenen.

Der legendäre Generalsekretär der Studienstiftung des Deutschen Volkes, Hartmut Rahn, prägte über dreißig Jahre die Arbeit dieser Einrichtung. Er gab den geförderten Studenten ein Ziel vor, das er in der Formel »Können, Initiative, Verantwortung« zusammenfasste. Akademisch exzellent zu sein, genügte ihm nicht, die Studenten sollten etwas in der Welt bewegen und sich dem Gemeinwohl verpflichten. Für die Internatsschule Schloss Salem gab ihr Gründer Kurt Hahn das Motto vor: »Plus est en vous«, es steckt mehr in euch. Lehrer sollen junge Menschen durch herausfordernde Aufgaben so führen, dass sie das Beste aus ihren Begabungen machen.

Ein originelles Ziel habe ich einmal von einem Unternehmer gehört, dessen Name mir leider entfallen ist. Er schuf folgende Leitlinie für seine Firma: »Die Termine sind heilig.« Wie die Mitarbeiter ihre Zeit und ihre Kräfte einteilten, um das Produkt zu fertigen, konnten sie selbst bestimmen. Wenn sie aber einen Termin versäumten oder die Qualität der Produkte durch mangelnde Organisation litt, mussten sie mit harten Konsequenzen rechnen.

Die Firma Miele hat »Immer besser!« auf ihre Fahnen geschrieben. Zwei Botschaften enthält diese

Formulierung, je nachdem, ob man das erste oder das zweite Wort betont. Wird »immer« hervorgehoben, dann heißt die selbstbewusste Aussage: Wir sind immer die Besseren. Sie fördert den Stolz auf die Firma und die Identifikation mit der Firma. Liegt die Betonung auf »besser«, dann wird aus der Aussage ein Imperativ: Werdet besser! Den Unternehmensführern von Miele ist mit diesem Slogan eine geniale Formulierung eingefallen: Sie ist einfach, eingängig und doppelt interpretierbar. Außerdem eignet sie sich gleichermaßen als Leitbild für die Mitarbeiter und als Werbung für die Kunden.

Auch Eltern sollten sich konkrete Ziele setzen. Sie erliegen oft der Verführung, Vorstellungen eines in ihren Augen gelungenen, erfolgreichen Lebens unbewusst zur Leitidee ihrer Erziehung zu erheben. Dafür versuchen sie Voraussetzungen zu schaffen, ohne auf die Stimme ihres Kindes zu hören. Ehrgeizige Eltern greifen zu den Sternen: Ihr Kind soll natürlich studieren und daher schon früh nach neuesten Erkenntnissen gefördert und gefordert werden. Vom Reiten übers Ballett bis hin zum Erlernen eines Musikinstruments – nichts wird ausgelassen, was gut und teuer ist. Solche Förderung mag im Einzelfall richtig sein. Entscheidend aber ist, ob die Eltern versucht haben, das besondere, individuelle Temperament und Naturell ihres

Kindes zu entdecken, ob sie auf seine Bedürfnisse hören und mit ihrer Erziehung Ziele verfolgen, die ihrem Kind helfen, sich selbst zu finden und zu akzeptieren. Damit schaffen sie die Voraussetzung für sein Glück und seine innere Unabhängigkeit. Wenn Eltern sich von solchen Zielen leiten lassen, besitzen sie eine Richtschnur, um förderliche von schädlichen Maßnahmen unterscheiden zu können.

Eltern, die das individuelle Wesen ihrer Kinder zum Maßstab der Erziehung erheben, werden ihre Kinder nicht an anderen messen und neidvoll beobachten, wie wunderbar die sich entwickeln. Sie werden versuchen, ihre Kinder zu befähigen, ihr vielleicht eigenwilliges Naturell und ihre besonderen Begabungen zu akzeptieren.

Mit Hilfe eines Instruments Musik gestalten zu lernen, kann ein Kind bilden. Seine schöpferische Kraft kann an anspruchsvollen Kompositionen wachsen, und sein Vertrauen in die eigenen Kräfte dadurch größer werden. Ob beim eigenen Kind dieses Ziel »Bildung« tatsächlich erreicht wird, muss jedoch von den Eltern geprüft werden. Sie sollten beobachten, ob es sich mit dem Instrument anfreundet und sich durch das Musizieren so wandelt, dass die Freude, Musik selbst gestalten zu können, sein Selbstwertgefühl stärkt. Lernt ihr Kind das Instrument nur mechanisch, sollten sie nach anderen Wegen der Bildung suchen.

Zur Bildung gehört auch, Widerstandskräfte der Kinder gegen die Einflüsse des Fernsehens zu stärken. Um dieses Ziel zu erreichen, sollten sie gemeinsam mit den Kindern das Fernsehprogramm einer Woche im Voraus studieren und Sendungen, die angeschaut werden dürfen, festlegen. Kriterien der Auswahl könnten Themen, das Niveau von Sendungen und ein festgelegtes Zeitpensum sein. Der Verführung »herumzuzappen«, werden die Kinder trotzdem erliegen. Eltern können aber das sorgfältige, vorausschauende Studium des Fernsehprogramms zur Gewohnheit machen und ihnen dadurch ein Mittel an die Hand geben, das sie nicht zum Knecht dieses Mediums macht, sondern sein Herr bleiben lässt. Dass sich Eltern für die Auswahl der Fernsehsendungen Zeit nehmen, trägt allein schon zur psychischen Festigung von Kindern bei.

Um Kinder früh zur Verantwortung zu erziehen, können Eltern ein Tier anschaffen. Den pädagogischen Nutzen einer solchen Anschaffung steigern sie, wenn sie vorher mit den Kindern vereinbaren, dass beispielsweise der Hund ein Freund und Begleiter aller Mitglieder der Familie werden soll und deswegen auch alle für ihn verantwortlich sein müssen. Verantwortung übernehmen, heißt in diesem Fall, auch tätig zu werden, und die Aufgaben wie das Ausführen oder das Füttern müssen klar verteilt werden. Die Kontrolle, ob die Aufgaben erfüllt werden, obliegt den Eltern. Sie müssen ihre Kinder bewusst dazu anleiten, vereinbarte Ziele einzuhalten.

Nicht anders verhält es sich mit dem Lehrer, dem Schulleiter, dem Abteilungsleiter oder Unternehmensführer. Da sie alle führend tätig sind, müssen sie Ziele formulieren, die die »Veredelung eines Produkts« mit der Stärkung der Persönlichkeit des Produzierenden verbinden. Ein Werkstück sorgfältig herzustellen, eine Dienstleistung zu perfektionieren, die Englischkenntnisse eines Schülers zu verbessern, immer sollte der Führende zugleich das Selbstwertgefühl und damit das Glück der Betreffenden fördern wollen.

Jeder Betrieb, ob gewinnorientiert oder gemeinnützig, blüht und gedeiht, wenn ein Geist der Erneuerung in seinen Mauern weht, wenn die Mitarbeiter nicht nur auf Veränderungen der Umwelt und Gesellschaft reagieren, sondern Entwicklungen vorwegnehmen. Ideen, deren Zeit gekommen ist, zu entdecken, Visionen für einen Betrieb zu entwickeln und mutig zu verfolgen, sich dazu neue Wege einfallen zu lassen oder Einfälle von Mitarbeitern aufzunehmen, diese Fähigkeiten charakterisieren einen Unternehmensführer, ob sein Unternehmen eine Schule, eine Universität oder ein Wirtschaftsbetrieb ist.

Eine Gruppe von Menschen in die Zukunft zu führen, gelingt leichter, wenn der Führende gemeinsam mit den Mitarbeitern ein Leitbild entwirft. Indem er sie an der Gestaltung der Zukunft beteiligt, machen sie sich das Leitbild zu eigen. Ein Leiter wird immer gut beraten sein, sich die Meinungen von Mitarbeitern nicht nur anzuhören, sondern sich mit ihnen ernsthaft auseinanderzusetzen. Es fördert die gemeinsame Sache, wenn Mitarbeiter in Entscheidungen der Leitung eigene Ideen wiedererkennen. Souveräne Leiter werden die Urheber guter Ideen auch öffentlich anerkennen, ihnen sogar eventuell mehr zuschreiben, als ihnen zusteht. Das hängt davon ab, inwieweit die Eitelkeit ihr Handeln beherrscht. Mitarbeiter sollten stolz sein dürfen auf ihren Betrieb, Schüler auf ihre Schule. Identifikation steigert die eigenen Kräfte und vermehrt das Wohlgefühl.

Ein weiterer Grund, warum Schulen wie die Friedrich-Schiller-Schule in Marbach erfolgreich arbeiten, liegt im Ideenreichtum ihres Leiters. Die Schule kommt nie zur Ruhe, weil immer neue Vorschläge zur Verbesserung des Schulalltags Mitarbeiter und Schüler in Atem halten. Stillstand und lähmendes Einerlei sind die Feinde einer lebendigen Schulkultur.

Klar die Ziele des eigenen Handelns formulieren zu können, ist schon der halbe Erfolg. Es gibt begabte Führungsnaturen, die intuitiv ihre Ziele finden. Wir durchschnittlich Begabten müssen unsere Ziele erarbeiten. Dieser Prozess kann dauern, doch die Mühe lohnt sich.

6

Lass dir einen Spiegel vorhalten, um dich selbst einzuschätzen!

»Die Königin hatte einen wunderbaren Spiegel, wenn sie vor ihn trat und sich darin beschaute, sprach sie: ›Spieglein, Spieglein an der Wand, wer ist die Schönste im ganzen Land?‹ So antwortete der Spiegel: ›Frau Königin, Ihr seid die Schönste im Land.‹ Da war sie zufrieden; denn sie wusste, dass der Spiegel die Wahrheit sagte.«

Wünschen wir uns im Alltag einen Spiegel, der die Wahrheit sagt? Wie viel Wahrheit verträgt ein Mensch? Wie viel Wahrheit darf man anderen zumuten? Und: Woher weiß ich eigentlich, was die Wahrheit ist?

Ehrlichkeit rangiert ganz oben in der Rangordnung moralischer Erwartungen, die wir an andere Menschen stellen. Sie ist die Tugend, die dem Wert der Wahrheit entspricht. Sie kann aufbauen, sie kann aber auch zerstören.

Als der Spiegel eines Tages antwortete: »Frau

Königin, Ihr seid die Schönste hier, aber Schneewittchen ist tausendmal schöner als Ihr«, begann das Unglück seinen Lauf zu nehmen. Die Königin war der Wahrheit nicht gewachsen, Neid überwältigte sie und verführte sie zu Mord.

Ehrlichkeit ist das Fundament jeder menschlichen Beziehung, im Privaten wie im Beruflichen. Dennoch verwenden wir viel Kraft, um uns zu verstellen und uns oder andere zu betrügen. Wir nutzen unseren Verstand nicht primär, um die Wahrheit zu erkennen, sondern um Vorteile zu ergattern. Ehrliche Kritik anzunehmen, gelingt nur wenigen. Und auf humane Art ehrlich zu sein, ist eine hohe Kunst im Umgang miteinander.

Unsere Spiegel im tagtäglichen Leben sind Mitmenschen: Ehepartner, Freunde, Kollegen, Vorgesetzte, Angestellte, eben die kleine Öffentlichkeit der Familie oder der Kollegen und die große Öffentlichkeit der Gesellschaft. Die Wahrheit zu akzeptieren, die andere einem mitteilen, ist eine Frage der persönlichen Stärke. Man muss sie aushalten können. Der Schwache wird sie zu seinen Gunsten umdeuten oder verdrängen, der Starke wird sich ihr stellen und daran wachsen oder scheitern.

Was im Märchen der Spiegel leistet, übernehmen im Bereich der Führung vielfältige Formen der Kontrolle und Rückmeldung. Führung ohne

Kontrolle kann nicht gelingen. Kontrolle ermöglicht es, Rückmeldung über ein Verhalten zu geben, heutzutage sagt man Feedback dazu.

Kontrolle kann ein Instrument der Herrschaft sein und zur Disziplinierung dienen, sie kann aber auch ein Instrument der Führung sein und Menschen fördern. Denn Kontrolle bildet eine Voraussetzung dafür, sich selbst einschätzen, aber auch eine Leistung loben oder kritisieren zu können. Beide, sowohl Lob als auch Kritik, bauen Selbstvertrauen auf. Lob bestätigt das Kind oder den Mitarbeiter in seinem Tun, Kritik hilft ihm, sein Handeln zu korrigieren. Kritik eignet sich jedoch nur dann als Instrument der Führung, wenn es dem Führenden gelingt, sie maßvoll, differenziert und als wohlwollende Unterstützung vorzutragen. Allgemeine Kritik ist wirkungslos, genauso wie sich allgemeines Lob schnell verbraucht.

Leider machen sich Vorgesetzte häufig nicht die Mühe, genau in Erfahrung zu bringen, wie Mitarbeiter ihre Arbeit erledigen – aus Mangel an Kontrollinstrumenten oder aus Scheu vor Kontrolle, aber auch aus fehlendem Respekt vor ihrer Leistung. Ihre Einschätzung speist sich dann meist aus zufälligen eigenen Beobachtungen oder aus Hinweisen anderer Mitarbeiter, deren Aussagen oft auf Sympathien oder Antipathien beruhen.

Auch Eltern haben die Aufgabe, ihre Kinder zu kontrollieren. Die Welt der Familie ist überschaubar, und die Eltern stehen ihren Kindern so nah, dass es dafür keiner objektiven Instrumente bedarf. Wenn Eltern einem Kind oder einem Jugendlichen beispielsweise Geld anvertrauen, um etwas einzukaufen, sollten sie anschließend auf genauer Abrechnung bestehen; genauso sollten sie die Hausaufgaben immer wieder auf Vollständigkeit und Qualität prüfen; auch wenn Kinder Aufgaben im Haushalt übernehmen, sollten sie nachsehen, wie gut sie erledigt wurden.

In den meisten Berufen sind Kontrollen selbstverständlich. Lehrer müssen jedoch weitgehend auf diese Segnungen verzichten. Dabei gibt es kaum einen Beruf, der so sehr auf ehrliche Rückmeldung angewiesen wäre wie der des Lehrers. Und nirgendwo ist die Angst vor Kontrolle so groß wie unter Lehrern, was sich nur als Folge ihrer mangelnden Erfahrung mit Kontrolle erklären lässt.

Auf welche verlässliche Rückmeldung kann ein Lehrer bauen, wo und wann tritt er vor den Spiegel wie die Königin, und wer hält ihm regelmäßig einen Spiegel vor? Sein Spiegel sind die Klassen, die er unterrichtet; wie auf einer Bühne gibt er täglich Proben seiner Schauspielkunst und übt alle Formen der Präsentation seiner Person; er tritt auf als ehrlicher Makler des Unterrichtsstoffs, als

Dompteur, als Erzähler, als Humorist oder Zyniker, als Freund, als Kritiker, als Vorgesetzter, als Notenverteiler, als ängstlich Lavierender, als forderndes Vorbild, als verständiger Psychologe, als Detektiv und als Polizist; er ermutigt, er lobt, er schlichtet, er provoziert, er moralisiert, er ist selbstgerecht oder selbstkritisch – die Aufzählung ließe sich fortsetzen. Seine Klassen spiegeln unbarmherzig sein Rollenverhalten wider, die Schüler reagieren gelehrig, bewundernd, ängstlich, aufsässig oder botmäßig; sie erkennen in ihrem Lehrer eine Autorität, sie machen ihren Lehrer lächerlich oder sie versinken in Lethargie.

Welche Wahrheiten teilen sie ihren Lehrern mit? Subjektive Wahrheiten, Wahrheiten, wie sie sich in den Köpfen von Zehn-, von Fünfzehn- oder von Achtzehnjährigen bilden. Kinder und Jugendliche urteilen über ihre Lehrer nach den Eingebungen des Augenblicks, nach ihrem Gefühl von Gerechtigkeit, nach momentanen Stimmungen in der Klasse, nach Sympathien und Antipathien; ihre Urteile sind alles andere als objektiv. Und doch enthalten sie eine Wahrheit, die Lehrer ernst nehmen sollten: Schüler besitzen ein untrügliches Gespür dafür, ob ein Lehrer ihnen ehrlich und unverstellt entgegentritt.

Jede Stunde von Herrn P. war ein Theaterstück. Dramatische Szenen wechselten mit komödiantischen Einlagen, elegische Inhalte erzeugten eine meditative Stimmung, philosophische Gedanken forderten den Schülern strenge Logik ab, Poesie brachte auch die Gefühlswelt der »Coolen« in Bewegung – Herrn P. gelang es, die Geister nicht nur wachzuhalten, sondern auch die Gemüter in Wallung zu versetzen. Das Geheimnis seines Erfolges war jedoch seine Ehrlichkeit. Seine theatralischen Auftritte verstellten nicht seine Person, sie waren sein Weg, sich den Schülern zu öffnen. Er besaß den Mut zur Emotionalität, ging aus sich heraus und begeisterte damit die Schüler. Das honorierten sie. Sie zollten ihm vorbehaltlose Anerkennung, weil er drei wesentliche Eigenschaften eines guten Lehrers besaß: Er war kompetent in der Sache, ehrlich und fürsorglich in der Zuwendung sowie streng fordernd und gerecht zugleich. Sich so im Spiegel seiner Schüler wiedererkennen zu dürfen, ist ein Privileg, es fällt einem aber nicht in den Schoß, sondern es resultiert vielmehr aus harter Arbeit an sich selbst.

Herr M. nahm seinen Beruf sehr ernst. Sein Unterricht galt als didaktisch gut vorbereitet, aber er erreichte die Herzen der Schüler nicht, im Gegenteil: Er verschreckte sie zuweilen. Auch er trat emotional auf, seine Gefühlsäußerungen waren aber die eines Menschen, der nicht mit sich im Reinen ist und seine Depressionen und Euphorien unkontrolliert weitergibt. Die Schüler ertrugen Herrn M. nur schwer. Er jedoch merkte es nicht. Wenn sie sich beschwerten, reagierte er empört, weil er nicht wahrhaben wollte, dass es an seinem Unterrichtsstil lag. Kompetenz sprachen sie ihm nicht ab, aber ehrliche Zuwendung und Gerechtigkeit. Er akzeptierte das Urteil der Schüler nicht, deshalb änderte er sich auch nicht. Es fehlte eine Instanz, die ihm mit Autorität und klaren Informationen einen Spiegel vorgehalten hätte.

Die Schüler als täglicher Spiegel – sie machen das Glück und das Unglück von Lehrern aus. Herr P. konnte sich im Glück der Anerkennung seiner Schüler sonnen, das Unglück von Herrn M. vermehrte sich durch ihr ablehnendes Verhalten. Das System Schule verweigert den Lehrern einen Spiegel, der als Korrektiv zur täglichen Bühne des Klassenzimmers taugt, einen Spiegel, der ein Minimum an Objektivität herstellt und Lehrern zu ehrlicher Rückmeldung verhilft. Wenn dann auch noch der Schulleiter sich nur auf seine zufällig entstandenen Erkenntnisse verlässt, wird ihnen niemand gerecht. Die Chance, ihr Verhalten zu ändern, verringert sich dadurch erheblich.

Es ist heute viel von Evaluation die Rede. Schulen erheben mit Hilfe bewährter Methoden aus der empirischen Sozialwissenschaft Daten über ihre Arbeit, interpretieren sie und ergreifen Maßnahmen für die praktische Arbeit. Für alle Formen der Schulentwicklung kann Evaluation hilfreich sein, wenn sie von den Beteiligten akzeptiert wird. Staatliche Verwaltungen versuchen, Bedingungen zu schaffen, damit die Ergebnisse veränderter Schulprogramme bewertet werden können. Die Selbständigkeit der Schulen wird gefördert, es werden nicht mehr Lernziele und Lerninhalte gemessen, sondern Lernergebnisse, sogenannte Kompetenzen, die heute Bildungsstandards heißen.

Interne Evaluationen werden von den Lehrern selbst durchgeführt. Sie sind an Schulen erfolgversprechend, an denen eine Kultur der Selbstreflexion und gegenseitigen Offenheit herrscht. Das ist meist dann der Fall, wenn an ihrer Spitze eine führungswillige und kompetente Leiterin oder ein entsprechend führungsstarker Leiter steht, eine Person also, die mutig neue Wege geht und ihre Mitarbeiter dafür gewinnt. Lehrer an solchen Schulen haben sich entschlossen, ihre Autonomie zugunsten größerer Transparenz und gegenseitiger Kontrolle einzuschränken.

Externe Evaluationen – bis auf die »harmlose« Form, dass ein externer Fachmann oder eine Gruppe von Fachleuten eine Schule besucht und den Lehrern mitteilt, was sie an Gutem und Schlechtem vorgefunden hat – erfolgen in der Regel ohne Zustimmung der Lehrer. Die Rückmeldungen der externen Besucher sind unverbindlich; oft sind diese zu freundlich, außerdem nehmen die Lehrer sie nicht ernst.

Zwei Formen der externen Evaluation gibt es jedoch, die die Autonomie der Lehrer einschränken. Hierbei handelt es sich zum einen um die schulübergreifenden, manchmal landesweiten Prüfungen und Tests wie etwa das Zentralabitur. Auf die Qualität des Unterrichts haben zentrale Prüfungen zwar nicht unbedingt positive Auswirkungen, aber immerhin eine normierende: Lehrer werden die verlangten Inhalte eher pauken, damit ihre Schüler nicht zu schlecht abschneiden, und die Schüler werden das begrüßen. Einen Vorzug besitzen extern verordnete Prüfungen dennoch: Lehrer und Schüler treten gemeinsam gegen die Prüfungsordnung und -kommission an. Das befreit die Lehrer von der Doppelrolle, ermutigend auf die Prüfung vorbereiten und gleichzeitig als Kontrolleure fungieren zu müssen.

Eine andere Form externer Evaluation sind Schulinspektionen. Sie können dann hilfreich sein, wenn die Inspektoren kompetent sind, wenn sie legitimiert sind, zu kontrollieren, wenn sie sich dafür Zeit nehmen und wenn sie ihr Urteil aus verschiedenen Quellen bilden. Solche Inspektionen gibt es in Deutschland nicht regelmäßig.

Alle üblichen Formen der Evaluation wie die

hier genannten beschränken sich lediglich auf Messung, Vergleich und Prüfung von Standards, Lernzielen, Strukturen und Organisationsformen sowie der Wirkung von Methoden oder Reformen der Schulentwicklung. Das Verhalten, die Kompetenz und die Eignung von Lehrern werden nicht geprüft.

Ob Lehrer die Ergebnisse von Evaluationen beherzigen, ob sie offen dafür sind, ihr eigenes Verhalten als Ursache schlechter Resultate anzuerkennen, und bereit sind, dieses dann zu ändern, darf man bezweifeln. Sie werden die Ursache für schlechtes Abschneiden viel eher in strukturellen und organisatorischen Mängeln sehen und daran etwas ändern wollen. Das hängt mit einer Eigenart von uns Menschen zusammen, die täglich unser Leben belastet: Wir tun uns schwer damit, eigene Fehler einzusehen und dann die gewonnenen Einsichten in die Tat umzusetzen. Damit uns das gelingt, brauchen wir Hilfe.

Um solche Hilfe bieten zu können, sind Vorgesetzte wiederum auf objektivere Möglichkeiten der Kontrolle angewiesen als ihre eigene Beobachtung. Das gilt ganz besonders für Schulleiter. Daher müssten meiner Meinung nach gerade an Schulen völlig neue Wege der Evaluation beschritten werden. Denn nur so kann die Qualität des Unterrichtens verbessert werden.

Unsere Kultur kennt Beispiele der Selbstprüfung. Sie stammen vor allem aus der Klostertradition. Die Gewissenserforschung, die tägliche Rechenschaft, die man vor sich ablegt, oder Formen der Selbstreflexion, die systematisch eingeübt werden, zählen genauso dazu wie die Beichte. Es gibt einen »Beichtspiegel« in der katholischen Tradition, den jeder sich regelmäßig unter Anleitung eines autorisierten Seelsorgers vorhalten sollte, um das eigene Verhalten zu prüfen und ändern zu können. Der Vergebung der Sünden wurde leider traditionell der Vorrang eingeräumt, moderne Seelsorger betonen heute eher die Selbstreflexion, die sie in Beichtgesprächen einüben. Da wir dazu neigen, uns selbst zu betrügen, legt man so großen Wert auf die regelmäßige Selbstprüfung – möglichst unter Anleitung von Meistern der Seelenführung. Psychotherapie und verschiedene Formen des Coachings sind säkularisierte Formen der angeleiteten Selbstreflexion.

Personen in Führungspositionen sollten eine säkularisierte Form der Seelsorge ausüben. Sie sollten die ihnen anvertrauten Menschen immer wieder ermutigen, über ihr eigenes Tun nachzudenken. Regelmäßige Mitarbeitergespräche bieten das Instrument. Sie bleiben jedoch unverbindlich, wenn der Vorgesetzte dem Betreffenden nicht –

wie bereits mehrfach erwähnt — einen einigermaßen objektiven Spiegel vorhalten kann.

Folgende Art von Evaluation könnte als verlässlicher Spiegel dienen: In regelmäßigen Abständen, möglichst jährlich, verteilt die Schulleitung sorgfältig ausgearbeitete Fragebögen an Schüler mit der Bitte, die Fragen über das Unterrichtsverhalten eines Lehrers ehrlich und fair zu beantworten. Diese Fragebögen bleiben nicht anonym, jeder Schüler muss durch Unterschrift bezeugen, dass er die Fragen nach bestem Wissen und Gewissen beantwortet hat. Anschließend werden die Bögen von einer außenstehenden Person ausgewertet, die die Spreu vom Weizen trennt und Ungereimtheiten, Missverständnisse und Bosheiten beseitigt. Werden Fragebögen unzulänglich oder unfair ausgefüllt, können die Schüler zur Rechenschaft gezogen werden. Das »gefilterte« Resultat geht an den Schulleiter und dient als Grundlage des jährlich stattfindenden Gesprächs. Mutige Schulen könnten den Fragebogen auch an eine ausgewählte Gruppe von Mitarbeitern und Eltern austeilen, die ebenfalls mit Unterschrift beglaubigen müssen, dass sie ehrlich geantwortet haben. Die Ergebnisse solch regelmäßig stattfindender Evaluationen könnten über die Jahre hinweg ein genaues Bild der Stärken und Schwächen von Lehrern liefern. Den Lehrern würden sie zu einer besseren Selbsteinschätzung verhelfen. Außerdem könnten sie als Grundlage von Mitarbeitergesprächen dienen, Anlass für Leistungszulagen sein, zu Empfehlungen für Fortbildungen bis hin zum Coaching führen oder auch zu Entlassungen, sollte die Kritik über Jahre dominieren. In der Wirtschaft sind solche Verfahren der Evaluation als 360°-Methode bekannt.

Es gibt Schulen, die Fragebögen über das Verhalten ihrer Lehrer von Schülern regelmäßig ausfüllen lassen. Aber nur der betroffene Lehrer bekommt Einsicht in die ausgefüllten Fragebögen. Daher bleiben sie wirkungslos. Diese Form von Evaluation verfehlt das Ziel, Lehrer zu einer Änderung ihres Verhaltens zu bewegen. Beliebte und gute Lehrer werden sich in den positiven Antworten ihrer Schüler sonnen, weniger beliebte, strenge oder gar schlechte Lehrer werden den Grund für ihr ungünstiges Abschneiden bei den Schülern suchen und nur in Ausnahmefällen die Kritik auf ihr Verhalten beziehen, um es dann zu ändern. Lehrer brauchen wie andere Menschen Führung, sie brauchen kompetente und legitimierte Vorgesetzte, die ihnen einen Spiegel vorhalten und Änderungen ihres Verhaltens anregen, erwarten und fordern; und die vor allem Hilfen anbieten, wenn sie sich nicht aus eigenem Vermögen ändern können.

Die oben beschriebene Form der Evaluation gliche einem Tabubruch, denn das Tabu der Autonomie der Lehrer würde verletzt. Lehrer müssten damit einverstanden sein, dass durch diese Art der Kontrolle ihr Kerngeschäft, der Unterricht, transparenter würde. Solche Zustimmung fiele ihnen leichter, wenn sie den Nutzen dieser Art von Evaluation erkennen könnten. Natürlich sollte sie durch Unterrichtsbesuche ergänzt werden. Unterrichtsbesuche allein können, wie bereits beschrieben, eine vergleichbare Objektivität nicht erreichen, weil sie die Unterrichtsstunde so verändern, dass eine objektive Bewertung kaum möglich ist.

Schulleiter müssten ihrerseits bereit sein, sich dem gleichen Evaluationsverfahren zu stellen. Die Lehrer müssten die entsprechenden Fragebögen ehrlich ausfüllen und dies durch Unterschrift beglaubigen. Auch diese Fragebögen gingen nicht an den Schulleiter, sondern an seine vorgesetzte Behörde, eventuell gefiltert durch einen neutralen »Auswerter«. Auch Schulleiter sollten »belohnt« werden, wenn sie erfolgreich arbeiten; sie sollten aber auch abgelöst werden können, wenn sie ihrem Amt nicht gerecht werden.

Lehrern und Schulleitern würde durch die hier vorgeschlagene Form der Evaluation etwas abverlangt, was sie selbst täglich ihren Schülern zumuten. Wie sehr das Bedürfnis wächst, dass auch

Lehrer beurteilt werden, kann man an Phänomenen wie »Spickmich.de« ablesen. Einer öffentlichen Bewertung im Internet kann nur wirksam entgegengetreten werden, wenn Lehrer bereit sind, sich in geordneter Form offiziell bewerten zu lassen. »Spickmich.de« sollten wir als Symptom eines legitimen Unbehagens deuten, dass ein Berufsstand sich einer Qualitätsprüfung entzieht.

Bisher gibt es keine Möglichkeit, die Qualität von Unterricht zu messen. Die Noten, die die Leistungen der Schüler bewerten sollen, taugen schon deswegen nicht dazu, weil sie eine in hohem Maße subjektive Wertung des Lehrers darstellen. In Wirtschaftsbetrieben ist es einfacher, Erfolg und Misserfolg eines Mitarbeiters zu messen, denn seine Arbeit konkretisiert sich meist in messbaren Ergebnissen.

Durch fragebogengestützte Evaluationen und anschließende Mitarbeitergespräche könnte sich an Schulen die Gerechtigkeit vermehren. Schulleiter hätten die Möglichkeit, solche Gespräche auf einer soliden Grundlage zu führen, sie könnten Lob und Kritik gerechter verteilen, ihr Urteil würde weniger von Vorurteilen abhängen. Lehrer würden unabhängiger vom Urteil oder gar Vorurteil ihres Leiters, weil dieser die Aussagen der Fragebögen nicht ignorieren kann. Außerdem hätten die Lehrer eine größere Gewissheit, dass die

Tüchtigen honoriert und die Faulen sanktioniert würden.

Diese Konzeption von Evaluation, die der Optimierung von Führung dient, ist keine Kopfgeburt. Sie wird in vielen Kantonen der Schweiz bereits seit Jahren erprobt und entpuppt sich als eine Erfolgsgeschichte. Auch Deutschland wäre gut beraten, einen solchen Schritt zu machen: Dies würde den Beruf des Lehrers und den des Schulleiters revolutionieren.

7

Teile Verantwortung,
wo es geboten ist!

Der amerikanische Unternehmer John D. Rocke-feller besuchte einmal ein Tochterunternehmen seines Wirtschaftsimperiums, um den Direktor zu einem Gespräch zu treffen. Als er dessen Büro betrat, war dieser gerade damit beschäftigt, einen Brief zu unterschreiben, der zur Post sollte. Rockefeller ließ sich den Brief zeigen und teilte dem Direktor mit, er sei entlassen. Er warf ihm vor, er habe ein Gesetz guter Führung verletzt, das lautet: Aufgaben, die er an Mitarbeiter delegieren könne, auch von ihnen erledigen zu lassen. Dieser Brief falle nicht in den Aufgabenbereich eines Direktors, es sei daher anzunehmen, dass dieser Fall typisch für seinen Führungsstil sei.

Gute Vorgesetzte sind Meister des Delegierens. Sie besitzen einen Blick für Prioritäten und vertrauen ihren Mitarbeitern. Wer delegieren kann, kennt sein Arbeitsfeld und seinen Kräftehaushalt, vor allem aber weiß er, wie er sich notwendige Informationen beschafft, und wie er sich überflüssiger Informationen erwehrt. Das verlangt ein hohes Maß an Selbstdisziplin.

Wenn ein Leiter morgens seine elektronischen Botschaften selbst liest, beantwortet oder weiterleitet, begeht er einen Führungsfehler. Die Sichtung aller Informationen, ob sie elektronisch, telefonisch, mit der Briefpost oder per Fax eingehen, sollte er stattdessen an eine kompetente Person delegieren, die sein Vertrauen besitzt, über die Vorgänge auf der Leitungsebene unterrichtet ist und sich darüber hinaus selbständig ein Urteil bilden kann.

Zur klugen Informationspolitik kann auch gehören, mit Mitarbeitern auf dem Flur oder in der Kantine zufällig ins Gespräch zu kommen, die in der Hierarchie unter ihm stehen. So kann man an Informationen gelangen, die einen auf offiziellem Weg nicht erreichen würden, gleichzeitig können solche Gespräche das Vertrauen fördern. Jede Begegnung ist ein Gewinn für beide Seiten.

Es gibt Unternehmensführer, Schulleiter und Politiker, die viel zu viel Zeit mit dem Aktenstudium verbringen. Über den amerikanischen Präsidenten Ronald Reagan wird berichtet, er habe Informationsmaterial seiner Mitarbeiter nur entgegengenommen, wenn es eine Schreibmaschinen-

seite nicht überschritt. Auch komplizierte Sach-
verhalte sollten sie präzise und knapp zusammenfassen, denn er selbst wollte seine Zeit so effektiv
wie möglich einteilen.

Wer die Steuerung der Informationsflüsse delegiert, teilt Macht. Derjenige wiederum, der den
Chef informiert und legitimiert ist, seine Botschaften weiterzugeben, besitzt einen zentralen
Zugang zur Macht. Vorgesetzte müssen diesen
Aspekt sorgfältig prüfen. Wer steht in der Gunst
des Herrn? Wer darf den Chef informieren? Welchen Informationen kann er trauen? Mit wem bespricht er diffizile Angelegenheiten des Betriebs,
vor allem Personalfragen? Queen Victoria vertraute
ihrem Diener Brown mehr als allen ihren Beratern,
und Friedrich II. sprach in seinen späten Jahren
nur noch mit seinem Kammerdiener Fredersdorf
offen. Beide Diener waren mächtige Herren. Jeder
kennt die zentrale Rolle, die Chefsekretärinnen in
Unternehmen haben. Man kann sich darauf einstellen und damit umgehen.

Anders verhält es sich, wenn Vorgesetzte den
Eindruck erwecken, dass Mitarbeiter, die durch
ihre Stellung eigentlich nicht dazu legitimiert
sind, mehr Gehör finden und damit informell an
Einfluss gewinnen. Manche Mitarbeiter schmei-
cheln sich beim Chef ein, machen sich wichtig,
tragen ihm Informationen zu, um dadurch grö-

ßere Nähe zur Macht zu gewinnen. Die Rechnung geht dann auf, wenn Chefs eine solche Absicht nicht durchschauen. Einige neigen leider dazu, Dienste von Menschen in Anspruch zu nehmen, die sich anbiedern. Dadurch kann eine ungewollte Abhängigkeit entstehen. Vor ihrer eigenen Naivität sollten Chefs auf der Hut sein.

Eine gut durchdachte Informationspolitik kann verhindern, dass die täglich in jedem Betrieb entstehenden Gerüchte Unheil anrichten, und dass sich ein Gefühl der Unsicherheit verbreitet. Wenn Vorgesetzte Mitarbeiter ihrer Stellung entsprechend regelmäßig verlässlich und genau informieren, beugen sie am besten der Entstehung von Gerüchten vor. Ich habe persönlich in diesem Bereich viel Lehrgeld zahlen müssen. Denn in meinen Anfangsjahren hatte ich hochnäsig angenommen, meine Aufrichtigkeit würde ausreichen, um Gerüchten entgegenzuwirken. Mit dieser Haltung habe ich die Menschen überfordert. Ich habe gelernt, dass es der guten Sache dient, wenn die persönliche Glaubwürdigkeit nicht dauernd strapaziert wird. Es ist sehr nützlich, den Informationsfluss zu delegieren und dadurch dafür zu sorgen, dass das Wissen über wichtige Vorhaben, Entscheidungen oder Veränderungen sich im Betrieb immer sofort und verlässlich verbreitet. Zu häufig delegieren Vorgesetzte diese Aufgabe nicht:

Sie wollen Informationen selbst verbreiten, schaffen es dann wegen Überarbeitung nicht und richten viel Unheil an.

Sachlich falsche Gerüchte lassen sich schnell durch gezielte Information entkäften. Üble Nachrede ist schwerer aus der Welt zu schaffen, vor allem, wenn sie in harmlosen Mitteilungen verpackt wird. Klare Informationswege sind ein probates Mittel, um Gerüchte zu verhindern. Jeder sollte nur den Aussagen glauben, die aus erster Hand stammen. Gelassenheit vernichtet Gerüchte, Ignorieren ebenso. Wer Ohrenbläsern keine Beachtung schenkt, wird für Zuträger uninteressant. Bertolt Brecht schreibt in den *Geschichten vom Herrn Keuner*: »Ein Mitarbeiter Herrn K.'s wurde beschuldigt, er nehme eine unfreundliche Haltung zu ihm ein. ›Ja, aber nur hinter meinem Rücken‹, verteidigte ihn Herr K.«*

Über unzulängliche Informationen klagen Mitarbeiter ständig und meistens berechtigt. Die häufigste Ursache dafür ist Trägheit, Überarbeitung oder Gedankenlosigkeit von Vorgesetzten. Mitarbeiter vermuten zu voreilig eine Absicht dahinter. Gegen diese Untugenden, vor allem gegen Gedankenlosigkeit, die Standardsünde von Vorgesetzten,

---

* Bertolt Brecht, *Geschichten vom Herrn Keuner*. Gesammelte Werke, Band V, Frankfurt am Main 1967, S. 397.

hilft nur Delegieren. Jeder Vorgesetzte sollte den Informationsfluss so weit wie möglich institutionalisieren und seine Verwaltung anderen übertragen. Auf diese Weise schützt er sich gegen den Verdacht, willkürlich und irreführend zu informieren, sowie gegen den Vorwurf, Informationen vorzuenthalten. Die Delegation des Informationsflusses ist eine vertrauensbildende Maßnahme und zahlt sich immer aus.

Delegieren dient der Arbeitsteilung, der Verteilung von Verantwortung, der Dezentralisierung von Macht. Es bedeutet aber auch eine Erweiterung von Macht. Delegieren erlaubt es Vorgesetzten, ihre Wirkung zu multiplizieren. Es ist auch deswegen ein entscheidendes Führungsinstrument.

Wer umsichtig delegiert, zeigt, dass er Mitarbeiter, aber auch Kinder und Jugendliche ernst nimmt. Das beginnt bereits in der Familie. Kindern im Haushalt Verantwortung zu übertragen, zeugt von Klugheit, aber auch von Mut in der Erziehung. Denn Eltern müssen immer damit rechnen, dass ihr Kind eine ihm anvertraute Arbeit unzureichend ausführt, ja dass es daran sogar scheitert. Schafft eine Familie ein Aquarium an, und übernimmt der achtjährige Junge die Verantwortung für das regelmäßige Füttern der Fische, so wird er dazu in der Lage sein. Einen kritischen

Punkt bildet jedoch die notwendige Regelmäßigkeit. Die Eltern sollten diese Tätigkeit dem Jungen anvertrauen, müssen aber kontrollieren, ob er der Pflicht selbständig nachkommt. Delegieren entlastet nicht von Aufsicht und Kontrolle.

Das System der Schülermitverantwortung ist ein pädagogisch viel versprechender Weg, um junge Menschen zur Verantwortung zu erziehen. Auch hier erfordert es Mut, Jugendlichen Aufgaben zu übertragen, die ein hohes Maß an Umsicht, Selbstdisziplin und Können voraussetzen. Denn als Leiter oder Lehrer muss man damit rechnen, dass Jugendliche wenig gefestigt sind, dass sie sich durch Trägheit oder Gruppendruck zum nachlässigen Umgang mit Pflichten verführen lassen, und dass sie letztlich doch mit der Nachsicht der Pädagogen rechnen. Schülermitverantwortung taugt nur dort etwas, wo von Schülern erwartet wird, dass sie für die Konsequenzen ihrer Handlungen einstehen.

Delegieren als Instrument der Führung wirkt dann segensreich, wenn der Dialog nicht nur zwischen dem Leiter und denjenigen, denen Verantwortung übertragen wurde, stattfindet; vielmehr müssen diejenigen, die Verantwortung übernommen haben, untereinander kommunizieren und ein Team bilden, mit dem der Leiter einen Dialog führt – sonst droht das Delegieren zum bloßen

Instrument der Herrschaft zu verkommen nach dem Grundsatz: *Divide et impera*, teile und herrsche. Zum Herrschen neigende Vorgesetzte werden das Gespräch immer nur mit einem Verantwortlichen führen und das Gespräch der Verantwortlichen untereinander zu verhindern suchen. Teilen heißt in dem Fall, die Träger von Verantwortung zu isolieren, damit der Einzelne wirksamer herrschen kann. Bereits 1938 hatte Hitler erreicht, dass sich alle Verantwortungsträger auf ihn konzentrierten, untereinander aber nicht kommunizierten. Wer aber im Dienste der Sache und nicht zur Stärkung der eigenen Machtposition Verantwortung delegiert, nutzt das Potenzial des Teams und fördert das gemeinsame Gespräch.

Verantwortung zu delegieren, ist zudem ein Mittel, um Mitarbeiter und Jugendliche in ihrem Selbstvertrauen zu stärken. Vorgesetzte, Lehrer oder Eltern müssen auch hier dieselben Schritte gehen: Sie müssen gemeinsam die Ziele festlegen, die der Jugendliche oder der Mitarbeiter durch verantwortliches Handeln erreichen soll, und sie müssen prüfen, ob diese Ziele erreicht werden.

Schulleiter sind gut beraten, wenn sie auch informelle Formen der Führung praktizieren. Sie können ihr Kollegium in Untereinheiten gliedern, um den Lehrern Wege zu öffnen, aus ihrer Rolle als individuelle Künstler und Einzelkämpfer he-

rauszutreten. Bewährt haben sich inzwischen sogenannte Jahrgangsteams: Lehrer schließen sich
zusammen, um mindestens drei Jahre lang gemeinsam einen Jahrgang zu begleiten; sie formulieren
Ziele der Zusammenarbeit, bereiten gemeinsam
den Unterricht vor, entwerfen Klassenarbeiten
und lassen sie gleichzeitig schreiben, öffnen ihre
Klassenräume für die anderen Kollegen, loben sich
gegenseitig und kritisieren sich — sie bilden also
eine Art Kollegium im Kollegium.

Für den Schulleiter können solche Teams ideale
Foren bieten, um Ziele gemeinsam zu erarbeiten,
neue Ideen zu diskutieren, Anerkennung zu zollen, Standards zu vereinbaren und deren Einhaltung zu prüfen, Kritik zu üben und Klagen entge-
genzunehmen, kurzum: um zu führen. Schulleiter
sollten in regelmäßigen Intervallen an Teamsit-
zungen teilnehmen und den Jahrgang besuchen.
Die Koordination der Teams und die Kontrolle,
dass sie untereinander Erfahrungen austauschen
und gute Unterrichtsideen und -entwürfe gegenseitig anerkennen, müssen sie ebenfalls übernehmen.

Führung durch die Teilnahme an Teamarbeit
bietet Leitern große Möglichkeiten, die Qualität
des Unterrichts zu verbessern. Ihre Gesprächs-
partner sind die Teamleiter. Sie können dafür sorgen, dass sie in ihrem Namen koordinieren und

Standards vereinbaren dürfen, zum Beispiel für den Bereich der Sekundärtugenden, also im Bezug auf Ordnung im Klassenraum, Pünktlichkeit von Lehrern und Schülern, zeitnahe Korrektur von Klassenarbeiten et cetera.

Herr A. wurde gebeten, in einem solchen Team mitzuarbeiten. Grundsätzlich stand er dieser Idee aufgeschlossen gegenüber. Als er jedoch erfuhr, welche Kollegen in seinem Team mitarbeiten, schlug er die Hände über dem Kopf zusammen. Herrn N. hielt er für ungehobelt, Kollegen B. für langweilig, Frau C. ging ihm durch ihr vieles Gerede auf die Nerven. Wie sollte er drei Jahre enger Zusammenarbeit überstehen?

Er ließ sich trotzdem auf das Team ein. Wie groß war sein Erstaunen, als er seine Kollegen näher kennenlernte. Der langweilige Herr B. entpuppte sich am Computer als einfallsreicher, kompetenter Fachmann, der andere durch sein Können entlastete. Herr N. blieb zwar ohne Formen im Umgang, war aber ein Meister im Entwerfen von Klassenarbeiten. Und Frau C. redete nach wie vor viel, konnte jedoch hervorragend Projekte organisieren. Es entstand ein Klima gegenseitiger Offenheit, einzelne Kollegen rangen sich zur Anerkennung gelungener Zusammenarbeit durch, man bot Hilfe an, regte sich gegenseitig zu neuen Themen an, man lobte einander und wagte — verhalten —

sogar Kritik, man zog Bilanz und prüfte, ob die gesetzten Ziele erreicht worden waren. Die Lehrer fanden eine Art Heimat in ihrem Team, das ihnen Geborgenheit und Kraft bot. Die Arbeitszufriedenheit stieg, Herr A. stellte verwundert fest, dass er sich weit wohler fühlte als zuvor.

Im Laufe der Zeit wurde die Euphorie des Teams allerdings gedämpft, weil Schwierigkeiten auftraten: Einzelne Kollegen erwiesen sich als nachlässig, gemeinsam vereinbarte Standards der Ordnung und Disziplin wurden nicht eingehalten, die einen verausgabten sich für die Belange des Teams, andere ließen es gemächlich angehen. Jetzt wünschte sich manch einer, der Schulleiter möge doch häufiger präsent sein und das tun, was seines Amtes ist: führen. Denn die gegenseitige Kritikfähigkeit stieß an ihre Grenzen: Kritik unter Kollegen ist nur bedingt möglich, weil sie die Beziehungen strapaziert. Einige Male können Mitglieder des Teams andere auf Defizite aufmerksam machen. Wenn sie auf einen Wink mit dem Zaunpfahl nicht reagieren, und wenn sie sich auch nach deutlicheren Hinweisen nicht ändern, hören die meisten auf, kritische Bemerkungen zu äußern. Schon kommt es zu Misstrauen und Unwillen, die die gute Atmosphäre vergiften.

Jahrgangsteams oder vergleichbare Neuerungen können Führung nicht ersetzen. Sie können allerdings den Leiter entlasten und die Verantwortung des einzelnen Lehrers stärken. Schulleiter, die solche Teams im Kollegium populär machen und Bedingungen für ihre Verwirklichung schaffen, werden bald feststellen, dass sie ihre Arbeit erleichtern. Die Präsenz und Empathie der Schulleiter bleiben dennoch gefordert, und sie müssen sich anstrengen, die Arbeit der Teams genau zu verfolgen. Sie müssen mutig darauf bestehen, dass die vereinbarten Ziele und Standards der Teamarbeit auch gegen Widerstände, gegen Trägheit und Schlamperei eingehalten werden. Ihr Lob und ihre Kritik sind nicht weniger gefragt. Ein solch demokratischer Führungsstil lässt sich sehr wohl mit strenger Forderung und Prüfung der Ergebnisse vereinbaren.

Verantwortung zu teilen ist letztlich eine Frage der Selbstdisziplin. Vorgesetzten mangelt es meist nicht an Einsicht in den Nutzen von Delegation. Leider folgen sie ihr nur selten. Alle führend Tätigen bräuchten ihre tägliche Dosis »Rockefeller«.

8
Gelassenheit siegt

»Sie müssen immer wirken wie der erholteste Mann vor Ort.« Diesem Rat eines erfolgreichen Unternehmers habe ich als Schulleiter anfangs zu zaghaft, später mutiger zu folgen versucht. Der Unternehmer vertrat die Auffassung, Vorgesetzte und zwar insbesondere Leiter von Unternehmen, ob sie nun kommerziell oder gemeinnützig sind, würden vor lauter Arbeit oft vergessen, dass sie Gelassenheit und Zuversicht in ihrem Betrieb ausstrahlen müssen. Sie hätten die Pflicht, ihren Mitarbeitern zu helfen, die Wirklichkeit optimistisch zu betrachten. Der Herzog von Wellington soll während der Schlacht von Waterloo im Jahr 1815 resigniert und bewundernd festgestellt haben, dass das Erscheinen Napoleons auf dem Schlachtfeld die Moral der französischen Truppe enorm gesteigert habe. Sie habe mit einem Mal einer Kampfkraft von vierzigtausend zusätzlichen Soldaten entsprochen, eine für damalige Verhältnisse beträchtliche Stärkung der gegnerischen Truppen. Bedeutende Kräfte bei Kindern, Jugendlichen oder Erwachsenen zu mobilisieren, manchmal auch ihre letzten Reserven, das kann der Leiter einer Schule, ein Unternehmensführer, ein Abteilungsleiter oder auch ein Lehrer bewirken.

Zuversicht strahlen Menschen nur dann aus, wenn es ihnen physisch und psychisch gut geht. Führend tätige Menschen, die ihre Aufgabe ehrgeizig und ernsthaft wahrnehmen, neigen jedoch dazu, zu viel zu arbeiten und nicht ausreichend zu delegieren. Wie oft habe ich überarbeitete, müde, abgespannte Manager, Schulleiter, Abteilungsleiter, Lehrer oder auch Mütter getroffen. Sie konnten sich nicht durchringen, Arbeit abzugeben, Ruhepausen einzulegen oder gar etwas für sich zu tun. Kinder und Mitarbeiter leiden unter unausgeruhten, nervösen Eltern oder Vorgesetzten.

Auch ich habe in den ersten Jahren meiner Tätigkeit in Salem zu wenig den Rat des eingangs zitierten Unternehmers beherzigt – und das ist mir nicht gut bekommen. Gerade einmal fünf Jahre leitete ich Salem, als mich eine depressive Stimmung überkam, die ich mir nicht erklären konnte. Der Empfehlung unserer Schulpsychologin folgend, begab ich mich in psychotherapeutische Beratung. Ich geriet an einen Therapeuten britischer Herkunft, wohltuend pragmatisch im Denken und Beraten. Mit seiner Hilfe fand ich heraus, dass mein hoher moralischer Anspruch und die daraus resultierende große Arbeitsbelastung mich hinderten, Zeit für mich selbst aufzubringen. Die depressive Stimmung fand eine Erklärung.

Die Therapie zog sich hin, denn eine lang eingeübte Haltung, die ein Teil der eigenen Identität geworden ist, lässt sich nicht durch theoretische Einsicht in wenigen Wochen verändern. Drei Jahre lang einmal wöchentlich übte der Angelsachse mit mir ein, Programme zu entwickeln, die meiner Erholung dienten. Ich musste jedes Mal präzise berichten, ob und wie ich diese Programme umsetzte. Seine Formel lautete: »Sie werden zum ›Kümmerling‹, wenn Sie sich immer nur um andere und nicht auch um sich selbst kümmern.« Gerade dieses »Sich-kümmern-um-andere« hatte ich mir zur Maxime gemacht und für verdienstvoll gehalten. Dabei kann die moralische Überlegenheit, immer alles korrekt zu machen und sich für allgemeine Aufgaben aufzuopfern, auf Kinder und Mitarbeiter lähmend wirken.

Die Therapie war, nach vielen Rückfällen, erfolgreich. Ich lernte im dritten Jahr der Therapie meine Frau kennen. Der Kommentar des Engländers: »Jetzt brauchen Sie mich nicht mehr, sie wird meine Aufgabe übernehmen.« So war es dann auch. Sie forderte Zeit für sich, später dann taten dies auch unsere Kinder. Meine Familie ermutigte mich, Arbeitszeit in Familienzeit und damit in Zeit für mich umzuwandeln. Ich delegierte mehr, hielt mich nicht mehr für unentbehrlich und wurde insgesamt heiterer. Das Unternehmen, die Internatsschule, profitierte davon, denn die Mitarbeiter der Schule registrierten eine wohltuende Humanisierung meiner Tätigkeit.

Ehe- oder Lebenspartner können und sollten in dieser Weise pädagogisch tätig werden und ihrer Partnerin oder ihrem Partner abringen, auch an sich zu denken und viel für sich zu tun. Führend tätige Menschen, darunter zähle ich auch Eltern, vor allem Mütter, und Lehrer, verzehren sich oft für ihre Aufgabe und verkümmern dabei. Unternehmer begründen ihre Arbeitsüberlastung mit ihrer Unentbehrlichkeit. Wenn ihre Eitelkeit es zulässt, sollten sie die Kunst des »Opferns« lernen und Tätigkeiten innerhalb und außerhalb des Betriebs abgeben. Resultat meiner damaligen Therapie ist auch ein täglicher Waldlauf von fünf Kilometern, der seit fünfundzwanzig Jahren zu meinem Tagesprogramm gehört. Eineinhalb Stunden tue ich seither täglich etwas ausschließlich für mich: dreißig Minuten Laufen, dann Ausruhen und anschließend Duschen. Psychisch ist dies immer ein Zeitgewinn für mich. Wer sich etwas gönnt, wird sein Ansehen und seine Beliebtheit steigern, er wird dadurch seine Autorität festigen, und vor allem wird er eine Atmosphäre der Zuversicht und Gelassenheit schaffen.

Bereits vor sechzig Jahren antwortete ein britischer Schulleiter auf die Frage eines Journalisten, worin denn seine Tätigkeit vor allem bestehe: »To walk about«, im Herumlaufen. Führungstheoretiker sprechen von »Management by Wandering around«. Barbara Chase, die Leiterin einer der renommiertesten und größten Internatsschulen der USA, der Philipps Academy Andover, versteht sich als »shepherd of a flock«, als Hirte einer Herde, wie sie mir sagte.

Renate Schimmer-Wottrich übernahm nach dem Tod ihres Mannes die Leitung der Firma Truma. Nach der Lektüre eines norwegischen Märchens erkor sie dessen Botschaft zur Richtlinie ihrer Tätigkeit als Unternehmensführerin. Das Märchen erzählt von einem Bauernhof, der glücklich und erfolgreich von einem Bauernehepaar geführt wurde. Plötzlich starb der Bauer, und die Bäuerin musste die Verantwortung für den Hof allein tragen. Nach einem Jahr stellte sie bekümmert fest, dass die Mägde und Knechte in ihrem Arbeitseifer nachließen, Arbeit liegenblieb und sich eine niedergedrückte Stimmung breitgemacht hatte. Sie suchte Rat und erfuhr von einem Zwerg, der auf einem Berg wohnte und Menschen gute Ratschläge erteilte. Sie besuchte ihn, er hörte sich ihren Kummer an und überreichte ihr ein Kästchen mit der Auflage, mit diesem Kästchen jeden Tag in alle Ecken des Hofes zu gehen. Sie dürfe aber nie das Kästchen öffnen. In einem Jahr solle sie wiederkommen. Sie tat, wie ihr geheißen. Nach einigen Monaten bemerkte sie eine Veränderung: Die Mägde und Knechte begannen wieder fröhlich zu arbeiten. Als ein Jahr vergangen war, begab sich die Bauersfrau wie vereinbart wieder zu dem Zwerg und berichtete ihm von dem Zauber, den das Kästchen ausgeübt hatte. Daraufhin forderte der Zwerg sie auf, das Kästchen zu öffnen. Es war leer. Sie erkannte, dass nicht ein Zauber das Wunder bewirkt hatte, sondern sie selbst durch ihre tägliche Gegenwart und Zuwendung. Die Botschaft des Märchens wurde für die Unternehmerin zur Maxime ihrer Tätigkeit und bildete das Fundament ihres Erfolgs. Und dennoch sind Präsenz und Fürsorge landläufig nicht die Begriffe, die die Führungstheoretikern als erste Kriterien guter Führung einfallen.

Man verzeihe mir, wenn ich noch einmal auf Napoleon zu sprechen komme. Er pflegte häufig, vor allem vor Kampfhandlungen, durch das Feldlager zu gehen oder zu reiten. Dabei kam er mit Offizieren und Soldaten ins Gespräch, und sein phänomenales Namensgedächtnis erlaubte es ihm, viele mit Namen anzusprechen und an eine Begegnung oder eine besondere Leistung zu erinnern. Diese Präsenz wurde ihm hoch angerechnet: Sie wurde als Fürsorge erlebt und rief Zuversicht hervor, ja sogar Begeisterung für ihn als Feldherrn. Dieser Enthusiasmus übertrug sich dann auf die gemeinsame Sache, in diesem Fall leider das Kriegshandwerk. Wir wissen, dass Napoleon ein Menschenverächter war, er konnte jedoch in seiner Rolle als Feldherr den Eindruck fürsorglicher Zuwendung erwecken. Ich bin mir sicher, dass ihn führungstechnisches Kalkül dazu motivierte. Aber wie immer dem auch sei, fürsorgliche Präsenz gehört zu den Segnungen guter Führung. Napoleon jedoch hat seine Soldaten betrogen, wie wir heute wissen. Sie waren nur Schachfiguren für seine ehrgeizigen Pläne. Trotzdem beherrschte er die Klaviatur der Führungsinstrumente meisterhaft. Wir können auch von ihm lernen, dass sich Menschenverachtung und Führung auf Dauer nicht vereinen lassen. Führung muss immer den Menschen dienen.

Fürsorgliche Präsenz eines Schulleiters kann Wunder wirken, vor allem wenn er regelmäßig heiter und optimistisch durch die Schule geht. Auf diese Weise verbreitet er das Gefühl von Gelassenheit, Verlässlichkeit und Nähe.

Alle hatten ihre Hausaufgaben gemacht. Die ganze Klasse folgte aufmerksam den Ausführungen von Herrn S. zu den *Leiden des jungen Werther*, die er sorgfältig vorbereitet und mit vielen Anekdoten aus dem Leben von Johann Wolfgang Goethe vorgetragen hatte. Selbst die Klassenkasper beteiligten sich lebhaft an der Gruppenarbeit, die sich anschloss. Die Schüler hatten entschieden mitzumachen, Herr S. erkannte seine Zöglinge kaum wieder, denn die letzte Zeit war eher von Lethargie oder Unruhe geprägt gewesen und nicht von Eifer für die Sache. Euphorisch beendete er die Stunde. Aller Ärger der vergangenen Woche war vergessen, er sah seine Schüler wieder einmal in rosigem Licht. Beflügelt machte er sich auf den Weg zum Lehrerzimmer, es war große Pause, aber niemand schien an seinem Glück teilhaben zu wollen. Dabei hätte er so gern darüber geredet.

Der Schulleiter kam ihm entgegen, begrüßte ihn und fragte ihn tatsächlich, warum er so guter Dinge sei. Sofort erzählte er ihm von der geglückten Stunde. Der Schulleiter teilte neidlos sein Glück, weil das Glück von Herrn S. auch sein Glück als Schulleiter war. Nicht jeder Kollege hätte ebenso freudig diese Euphorie teilen können. Mancher hätte vielleicht eifersüchtig reagiert, weil sich sein Kummer vermehrt hätte, da ihm die letzte Stunde kein Schüler zugehört hatte. Die Frage seines Schulleiters und dessen freudige Anteilnahme an seiner guten Stimmung steigerten das Glücksgefühl von Herrn S. Nun nahm doch jemand seinen Erfolg wahr, und noch dazu nicht irgendwer, sondern ein Mensch, der für ihn zugleich eine geschätzte Autorität darstellte.

Ein offenes Ohr zum richtigen Zeitpunkt kann oft mehr bewirken als ein formelles Gespräch. Dieses Gespräch war dem Zufall geschuldet, aber einem beabsichtigten Zufall; nur weil der Schulleiter durch die Schule ging, aufmerksam in die Gesichter von Lehrern, Schülern, Hausmeistern sowie des Reinigungspersonals blickte und solche Begegnungen begrüßte, konnte Herr S. ihm anvertrauen, was ihn gerade bewegte. Man kann über Freud und Leid so viel aus den Gesichtern ablesen, aber auch aus der Körperhaltung, der Frisur oder der Kleidung. Schulleiter sind gut beraten, wenn sie morgens ihre Mitarbeiter und Schüler begrüßen, ihnen gut gelaunt begegnen und bereits durch ihre Anwesenheit signalisieren, dass ihnen diese Menschen wichtig sind.

Sie sollten Gespräche nutzen, um etwas über ihre Person zu erfahren, über ihre glücklichen Momente im Leben, aber auch über ihre Sorgen und Nöte. Leiter sollten auch von sich selbst dieses oder jenes mitteilen. Wenn sie sich bemühen, ehrlich zu fragen, signalisieren sie, dass sie wirkliches Interesse bewegt. Sie erfahren dadurch auch viel über die Stärken und Schwächen ihrer Mitarbeiter und können sie gerechter beurteilen. Es lohnt sich immer, sich Zeit für Mitarbeiter zu nehmen.

Es gehörte zu den Tugenden mancher Leiter »alter Schule«, dass sie morgens am Haupteingang standen, jeden Erwachsenen und jeden Schüler begrüßten und bereits zu früher Stunde wussten, wer freudig und wer leidend die Schule betrat. Wenn solche Präsenz nur als Kontrolle gedeutet wird, dann fehlt ein Klima des Vertrauens. Wolfgang Harder, langjähriger Leiter des Internats Odenwaldschule, pflegte morgens jeden Schüler per Handschlag im Esssaal zu begrüßen. Diese Geste, jeden ausdrücklich und respektvoll wahrzunehmen, entsprach seinem Führungsstil. Wann immer er einem Mitarbeiter oder Schüler begegnete, signalisierte er ihm: Du bist wichtig! Aus jedem Gespräch gingen sie gestärkt hervor, selbst wenn er sie kritisierte.

Wenn Schulleiter wüssten, wie sehr sich Mitarbeiter nach Anerkennung sehnen, auch nach kleinen Gesten der Aufmerksamkeit, sie würden mehr davon gewähren. Sie gehen oft gedankenlos, weil gedankenschwer, durch die Schule, sind zu sachorientiert und zu wenig menschenorientiert. Gelassenheit ausstrahlen, sich Zeit nehmen für Gespräche, für Unterrichtsbesuche, für die Teilnahme an Theaterproben oder Sportveranstaltungen, daran misst sich auch, ob ein Schulleiter begriffen hat, was gute Führung ist. Zeit und Zuwendung sind die schönsten Geschenke von Eltern an ihre Kinder, von Lehrern an ihre Schüler und von Vorgesetzten an ihre Mitarbeiter.

Jeder kennt den Spruch: Es gibt keine Zeitprobleme, sondern nur Probleme, Prioritäten setzen zu können, also Wichtiges von Unwichtigem unterscheiden zu können. Das trifft zu. Ist die Fertigstellung eines Papiers zur Unterrichtsorganisation wichtiger als die Teilnahme an einer Kaffeestunde mit Lehrern? Können Konferenzen das informelle Gespräch mit Mitarbeitern ersetzen? Muss ich an einer Tagung teilnehmen, oder sind nicht viel eher Präsenz an der Schule und zusätzliche Zeit für Gespräche gefragt? Teile ich meine Informationen per Intranet mit oder führe ich besser mit Mitarbeitern ein persönliches Gespräch beziehungsweise nutze ich lieber die Möglichkeit, sie deswegen einmal anzurufen? Lohnt es sich, um etwas zu besprechen, einen Mitarbeiter an seinem Arbeitsplatz aufzusuchen, statt ihn über die Sekretärin ins eigene Büro zu bitten?

Unternehmensführer, Schulleiter und Vorgesetzte können das Wohlbefinden von Mitarbeitern steigern, das aus der Identifikation mit ihrer Arbeit resultiert. Berufliche Tätigkeit als Quelle von Zufriedenheit und Erfüllung erfahren zu dürfen, hängt natürlich ab von der Art der Tätigkeit. Entfremdete Arbeit wird in der Regel nur dem Broterwerb dienen. Tätigkeiten jedoch, die Kompetenz und Geschick erfordern und deren vorzügliche Erledigung persönliche Befriedigung auslöst, erhöhen die Lebensqualität. Prototyp des Menschen, der sich mit seiner Arbeit identifiziert, ist der Künstler: der Musiker, der Maler oder der Dichter. Aber das trifft auch auf den Forscher oder den Handwerker zu. Deswegen arbeiten viele Menschen in ihrer Freizeit künstlerisch oder handwerklich. Sie wollen die Befriedigung erfahren, in einer Arbeit aufgehen zu können. Jeder Vorgesetzte sollte als Ziel verfolgen, den Mitarbeitern zu solcher Zufriedenheit zu verhelfen. Arbeiten heißt dann nicht nur, seinen Lebensunterhalt zu verdienen und damit gute Voraussetzungen für die Freizeit zu schaffen, sondern Arbeiten wird als Quelle des Glücks erlebt. Arbeit und Freizeit wiederum werden als unterschiedliche Arten des Glücks erfahren.

Durch die hohe Übereinstimmung von Beruf und Person kann der Vorgesetzte das Vorbild für dieses wechselnde Glück bieten. Er kann dieses Glück erhöhen oder verringern, je nachdem, welche Atmosphäre er in seiner Abteilung schafft, inwieweit er gute Arbeit durch Anerkennung honoriert oder durch mangelnde Beachtung entwertet. In Krisenzeiten wird Gelassenheit zum Prüfstein guter Führung.

9

Warte nicht auf die Politik, werde selbst aktiv!

»Morgen behandeln wir die Ellipse, dann bringt jeder ein Ei mit.« Mit solchen Aufforderungen pflegten Dorfschullehrer in Oberschwaben noch im ersten Drittel des vergangenen Jahrhunderts Didaktik und Überlebenskunst zu verbinden. Das Ei blieb natürlich in der Schule. Schmalhans war Küchenmeister im schulmeisterlichen Haushalt, und Lehrer ließen sich etwas einfallen, um ihre kargen Mahlzeiten aufzubessern. Als Lehrer zu arbeiten, galt lange als Hungerberuf, dieses Image hängt ihm heute noch an, ganz entgegen den realen Verhältnissen. »Schlechtangezogene Wissensvermittler« nannte man sie schon vor hundert Jahren. »Schlechtangezogen« erinnerte an den schmalen Geldbeutel, gemeint war aber auch ihr kleinbürgerlicher Geschmack.

Kein Berufsstand übt so viel Einfluss auf das Leben der Menschen aus wie der Beruf des Lehrers. Kein akademischer Beruf zählt so viele Mitglieder. Kein bürgerlicher Beruf erfährt so wenig Anerkennung. Dabei müsste der Lehrerstand der geachtetste im ganzen Lande sein, denn Lehrer bilden Kinder und Jugendliche und tragen dazu bei, dass sie menschlich miteinander umgehen lernen.

Theodor W. Adorno hat 1965 im Institut für Bildungsforschung, Berlin, einen bemerkenswerten Vortrag zum Thema »Tabus über den Lehrberuf« gehalten. Mit Tabus meinte er den »kollektiven Niederschlag von Vorstellungen, die [...] ihre reale Basis in weitem Maß verloren haben, [...] die sich aber, als psychologische und soziale Vorurteile zäh erhalten und ihrerseits wieder [...] reale Kräfte werden.«* Diese Vorurteile spiegeln sich in alltäglichen Reaktionen wider. Menschen, die mich ganz nett finden und dann erfahren, dass ich von Beruf Lehrer bin, reagieren gar nicht selten mit folgender Äußerung: »Sie wirken aber gar nicht wie ein Lehrer.« Auch Bezeichnungen wie »Oberlehrer«, »Schulmeister« oder »Pauker« spiegeln den schlechten Ruf von Lehrern wider.

Aus Adornos »Tabus über den Lehrberuf« will ich zwei herausgreifen, die das Bild des Lehrers nach wie vor negativ prägen, nämlich die Beamtenmentalität und die Macht des Lehrers über Kinder.

---

* In: *Neue Sammlung*, 1965, Heft 6, S. 69.

Der Beamtenstatus lässt die Lehrer abhängig und eingeschränkt handlungsfähig erscheinen, da sie sich nicht dem Wettbewerb der freien Berufe stellen müssen. Selbst heute noch hängt ihnen etwas von dem Lakaienstande an, aus dem unser Beruf stammt. Dabei waren es keine Geringeren als Hölderlin, Schiller, Fichte und andere, die als Hofmeister diesem Stande zugerechnet wurden.

Den leuchtenden Gegensatz zum Lehrerberuf bilden laut Adorno freie Berufe, Juristen und Ärzte, »die mehr verdienen, deren Einkommen aber nicht gesichert ist, und die eines gewissen Airs von Kühnheit, von Ritterlichkeit sich erfreuen mögen, und andererseits den pensionsberechtigten Festangestellten und Beamten, die man zwar wegen ihrer Sekurität beneidet, jedoch als Amts- und Bürohengste, mit festen Arbeitszeiten und Leben nach der Ochsentour, über die Achsel ansieht. Dagegen wiederum ist an Richter und Verwaltungsbeamte einige reale Macht delegiert, während man die der Lehrer als eine solche, die nicht als vollberechtigte Rechtssubjekte gelten, nämlich Kinder, im öffentlichen Bewusstsein wahrscheinlich nicht ernst nimmt. Die Macht des Lehrers wird verübelt, weil sie wirkliche Macht nur parodiert, die bewundert wird.«[*]

[*] Ebd., S. 73.

Diese Vorurteile über den Lehrerberuf halten sich auch heute zäh und lassen sich nicht einfach durch Appelle und Aufforderungen, den Lehrern die ihnen zustehende Anerkennung zu zollen, aus der Welt schaffen. Nur die Lehrer selbst können ihr Bild in der Öffentlichkeit verändern, indem sie sich verändern. Sie müssen ihre Geschicke selbst in die Hand nehmen und politisch handeln lernen. Erst dann wird es ihnen gelingen, sich von der Beamtenmentalität zu emanzipieren. Dann wird man ihnen auch zubilligen, dass sie ihre Macht nicht allein aus der Herrschaft über Kinder herleiten.

Die Schule muss sich wie jede andere Institution ständig erneuern. Erneuerung gelingt, wenn alle Beteiligten dies als eine gemeinsame Aufgabe erkennen, und wenn sich die Veränderung nicht allein auf die Verhältnisse beschränkt, sondern die handelnden Personen sich ebenfalls wandeln. Reformen können daher nicht erfolgreich sein, wenn sie ausschließlich von oben verordnet werden, so wie das seit Jahren geschieht. Anordnungen der Verwaltungen und Politiker verändern in der Regel nämlich nur Strukturen. Die Lehrer, die diese Strukturen mit Leben füllen sollen, ändern sich jedoch nicht. Es gibt aber Ausnahmen: Schulen, die sich unabhängig von Verwaltungen und manchmal selbst gegen deren Willen verändern. Sie danken ihre Erneuerung mutigen Leiterinnen oder Leitern, die gemeinsam mit ihren Mitarbeitern Ziele der Schulentwicklung vereinbaren und sie zu diesen Zielen hinführen. Auf diese Weise wird die Mentalität durchbrochen, die die verwaltete Schule erzeugt.

Elke Großkreutz leitet die Gebhardsschule in Konstanz, eine Grund- und Hauptschule. Sie hat vor Jahren durchgesetzt, dass geistig behinderte Kinder und Jugendliche ihre Schule besuchen dürfen, obwohl das in Baden-Württemberg gesetzlich verboten ist. Sie ist dem Satz gefolgt, dass juristisch nicht falsch sein kann, was pädagogisch richtig ist. Ihre Verbündeten waren Eltern, die mit ihr und den Lehrern gemeinsam den Kampf um eine kindgerechte Pädagogik führten. Heute besuchen behinderte Kinder und Jugendliche diese Schule und sind glücklich integriert. Die Behörden haben das Modell inzwischen akzeptiert und gewähren die finanziellen Zuschüsse, die behinderten Kindern gesetzlich zustehen.

Die Schule überzeugt durch ihr System der Schülermitverantwortung, das Elke Großkreutz und ihre Mitstreiter entwickelt haben. Die Schüler der neunten Klassen, die ältesten Hauptschüler, sind Paten der behinderten Mitschüler und übernehmen während des Schulalltags die Verantwortung für sie. Zwei Ziele werden damit erreicht:

Die behinderten Kinder werden betreut, und die Neuntklässler haben eine Aufgabe, sie fühlen sich gebraucht. Daran wächst ihr Selbstvertrauen. Die Gebhardsschule hat für dieses Beispiel gelungener Pädagogik den ersten Preis der Toepfer-Stiftung in Hamburg erhalten.

Leiterin und Lehrer dieser Schule sowie die Eltern der Schüler haben politisch gehandelt. Politik beginnt dort, wo Menschen sich an der Regelung der Verhältnisse beteiligen, statt sie fatalistisch hinzunehmen. Sie haben sich damit untypisch verhalten. Allerdings sollten sie noch einen Schritt weitergehen und dafür kämpfen, dass sich ihr Modell im ganzen Land verbreitet. Sie müssten Verbündete gewinnen, öffentlich auf die Unsinnigkeit des Gesetzes verweisen und ihre Idee in den Medien vorstellen. Denn eine entscheidende politische Tugend ist der Mut, das als richtig Erkannte durchzusetzen und hartnäckig durchzuhalten.

Das System Schule arbeitet in Deutschland in weiten Teilen planwirtschaftlich: Man verzichtet auf Führung, auf Wettbewerb und auf die bunte Vielfalt, die sich im freien Spiel der Kräfte entfaltet. Lehrer wiederum akzeptieren die Entscheidungen der Bildungspolitik wie gutes oder schlechtes Wetter. Sie klagen zwar, aber verhalten sich unpolitisch.

Der Föderalismus bringt es mit sich, dass Konzeption und Organisation von Bildung und Erziehung aus dem parteipolitischen Programm der jeweiligen Landesregierung hervorgehen und nicht einer reflektierten Praxis folgen. Das muss einen nicht wundern, denn die eigentlichen Akteure von Bildung und Erziehung, die Schulleiter und Lehrer, sind nicht daran beteiligt. Die Schule hat keine Lobby, Schulleiter und Lehrer erheben ihre Stimme nicht und nehmen keinen Einfluss. Es gibt zwar Lehrerverbände und Gewerkschaften, das sind aber reine Interessenverbände. Sie sind teilweise ideologisch ebenso festgelegt wie die Parteien und handeln als Interessenvertretungen von Lehrergruppierungen.

Die bildungspolitische Bilanz der letzten vierzig Jahre ist ein Spiegelbild föderalistischer Zersplitterung und landespolitischer Aufgeregtheiten. Die zentralen Probleme sind heute so ungelöst wie damals. Für die Zukunft dürfen wir uns keine Illusionen machen. Die Bildungspolitik gleicht einem Hühnerstall, in dem von Zeit zu Zeit ein Fuchs erscheint, alle Hühner flattern durcheinander, lassen sich aber nach einiger Zeit wieder auf ihren Stangen nieder. Zuletzt gab es die PISA-Studie, als Nächstes wird die demographische Entwicklung für Unruhe sorgen.

Eine Berufsgruppe, die auf Führung verzichtet,

wird auch keinen Wert darauf legen, politisch tätig zu werden. Schulleiter und Lehrer glauben, ihren Auftrag zu erfüllen, wenn sie die Entscheidungen der Politik und die Vorschriften und Erlasse der Verwaltungen umsetzen.

Ob Ärzte, Autobauer, die Bauindustrie oder die Banken – alle kämpfen für die Interessen ihrer Branche und überlassen die Entscheidungen nicht nur den Politikern und Verwaltungen. Letztlich geht es immer um die Verteilung von Geld. Zuerst haben die Untertanen ihren Königen das Recht abgerungen, über den Haushalt mitzubestimmen, um am Ende allein darüber entscheiden zu dürfen. Das war der Beginn von Demokratie.

Lehrer besitzen keinerlei Recht auf Mitsprache, geschweige denn auf Mitbestimmung. Die Stimmen von über 700 000 Schulleitern und Lehrern gelten nichts, weil sie sie nicht erheben. An Beispielen aus jüngster Zeit mangelt es nicht. Die Einführung des achtjährigen Gymnasiums ist ohne Beteiligung von Schulleitern und Lehrern erfolgt, entsprechend desolat sind die Folgen. In Baden-Württemberg haben 2007 über hundert Leiter von Hauptschulen einen offenen Brief an den Kultusminister geschrieben, um auf die pädagogische Unsinnigkeit von Hauptschulen aufmerksam zu machen. Als erste Reaktion drohte er, die vier federführenden Schulleiter abzumahnen.

Allein die Tatsache, dass die Lehrer einen offenen Brief schreiben mussten, deutet darauf hin, dass die institutionell gesicherte Mitsprache ungenügend ist. In diesem Fall sind die Schulleiter dafür zu rühmen, dass sie politisch aktiv wurden. Leider haben sich in der Bildungspolitik noch Reste des obrigkeitsstaatlichen Denkens der Kaiserzeit erhalten.

Dabei sind Lehrer nicht alleine: Sie haben mächtige Verbündete, die Eltern. Wenn sich Lehrer und Eltern zusammenschließen würden, um Einfluss auf bildungspolitische Entscheidungen zu nehmen, dann könnten sie damit Erfolg haben. Sehr bald würden Bildungspolitiker dankbar erkennen, dass sie gemeinsam mit aktiven Lehrern und Eltern mehr bewegen können. Das Beispiel der Gebhardsschule zeigt anschaulich, wie das gelingen kann.

Pädagogische Konzeptionen in Lehrerkollegien zu diskutieren, die Eltern in diese Diskussion einzubeziehen, sich gemeinsam auf brauchbare Lösungen zu einigen und darüber hinaus Wege auszudenken, wie diese Vorschläge auch von Politik und Verwaltung ernst genommen werden — in solchen Maßnahmen wird eine neue Haltung sichtbar, die der Anfang politischen Handelns ist. Schulleiter und Lehrer hätten damit die Möglichkeit, aktiv in die Bildungspolitik einzugreifen. Sie würden aus Objekten zu Subjekten der Politik.

Politisches Handeln braucht Führung. Es bedarf beherzter Personen, die das Interesse der Lehrer an übergeordneten Themen wecken, Eltern in diesen Prozess mit einbeziehen und den Kontakt zu anderen Lehrerkollegien herstellen. Schulleiter wären nahezu ideale Führungspersönlichkeiten, um Lehrer und Eltern politisch zu aktivieren. Sie könnten aufgrund ihrer praktischen Erfahrung Vorschläge zur Verbesserung des Unterrichtens und der Lernbedingungen junger Menschen entwickeln. Da es sich hierbei nicht um Standesinteressen, sondern um übergeordnete Interessen handelt, könnten sie ein Bündnis mit allen Verantwortlichen schließen. Ein Miteinander und kein Gegeneinander würde das Denken und Handeln prägen. Ich bin mir sicher, dass die Verantwortlichen in Verwaltung und Politik solche Initiativen begrüßen würden. Denn seit Jahrzehnten höre ich die Klage der Schulverwaltung, dass Schulleiter keine Initiative zeigten, kaum Vorschläge machten und wenig neue Ideen entwickelten. Es herrscht zu viel Ängstlichkeit, viele Schulleiter sichern sich ab, anstatt zu führen, verwalten sie die Schulen nur und setzen vorgegebene Ideen ordentlich um.

Politisch erfolgreich handelt, wer etwas von

Führung versteht. Aber gute Führung fällt nicht vom Himmel. Sie wächst aus einer Atmosphäre entschlossenen Handelns, die an Schulen weitgehend fehlt. Dafür muss zuerst eine Führungskultur an Schulen aufgebaut werden, die diesen Namen verdient. Die Rolle eines Schulleiters, sein Selbstverständnis, seine Befugnisse, seine Führungsinstrumente, seine Bezahlung und seine institutionell gesicherte Macht – all das muss modernen Führungstheorien entsprechen. Schulleiter müssen auch über die Personalpolitik bestimmen können, denn sie müssen ein Lehrerkollegium aufbauen können, das bereit ist, die gemeinsam erarbeiteten Ziele zu verwirklichen.

Lehrer wiederum müssen bereit sein, ihre Klassenräume zu öffnen, gemeinsam mit der Leitung und anderen Lehrern Ziele zu vereinbaren und zusammenzuarbeiten sowie ihre Arbeit von den Schülern bewerten zu lassen.

Eine Konsequenz müssen wir ziehen, die in Deutschland längst überfällig ist: den Beamtenstatus für Lehrer abzuschaffen. Denn dieser Status fördert die Haltung, Vorschriften zu befolgen, ohne sich an ihrem Zustandekommen beteiligen zu wollen. In ihrem eigenen Interesse sollten Lehrer für die Abschaffung der Verbeamtung kämpfen, die ihre Initiative und Handlungsfähigkeit einschränkt.

Ein Schulleiter, der das Verhalten und die Leistung von Lehrern regelmäßig evaluiert und mit ihnen die Ergebnisse bespricht, muss auch eine Kündigung androhen können. Das setzt eine Lockerung des Kündigungsrechts voraus. Schweizer Kantone haben den Mut besessen, das Kündigungsrecht so zu ändern, dass Lehrer entlassen werden können. Das kommt allerdings selten vor. Denn durch die neue Form der Evaluation wurde Führung möglich, mit der Konsequenz, dass sich Lehrer inzwischen erheblich mehr anstrengen. Auch Schulleiter müssen ihres Amtes enthoben werden können, wenn wiederholte Evaluationen ergeben, dass sie ihrem Amt nicht gewachsen sind.

Lehrer wären die Gewinner, wenn Schulleiter Führung praktizieren könnten. Dafür müssen Leiter nach ihrer Fähigkeit, Menschen zu führen, ausgewählt werden. Außerdem müssen die Schulen sich vom planwirtschaftlichen Denken freimachen und nach Gesichtspunkten des bedarfsorientierten Denkens handeln können.

Bedarfsorientiert bedeutet in diesem Fall, dass Schulleiter und Lehrer die Ziele ihrer Schule gemeinsam vereinbaren und sich an staatlichen Richtlinien orientieren, ohne sie sklavisch zu befolgen. Dass es möglich ist, den großen Spielraum staatlicher Vorgaben zu nutzen, kann man an vielen Beispielen staatlicher Schulen ablesen, die unter Führung entschlossener Schulleiterinnen und Schulleiter erfolgreich arbeiten.

Schulleiter und Lehrer würden die Anerkennung der Bürger gewinnen, wenn sie phantasievoll pädagogische Ideen entwickelten und sie politisch durchsetzten.

Es gibt einen internationalen Schulabschluss, das International Baccalaureate. Es ist als Hochschulzugangsberechtigung weltweit anerkannt und wird von über 1800, in Deutschland von etwa 25 Schulen angeboten. Beim International Baccalaureate beteiligen sich die Lehrer an der Gestaltung von Lehrplänen und Prüfungsordnungen. Zum Abschluss eines zweijährigen Kurses in einem Fach gibt es eine zentrale Prüfung. Danach muss jeder Lehrer einen Fragebogen ausfüllen, der detailliert Inhalte, Stofffülle, Methoden, letzte Prüfungsergebnisse und andere für den Lernerfolg wichtige Dinge abfragt. Diese Bögen gehen an die Kommissionen, die für die Gestaltung der Lehrpläne und die Prüfungen zuständig sind. Lehrer, die in diesem System unterrichten, erkennen an den Veränderungen der Lehrpläne, der Prüfungsanforderungen und der Themenstellungen, dass ihre Anregungen aufgenommen und umgesetzt werden. Alle fünf bis sieben Jahre werden die Lehrpläne aufgrund der Lehrerrückmeldungen in jedem Fach erneuert. Diese erfolgreiche Praxis wirkt ermutigend, weil Lehrer Einfluss auf zentrale Aspekte ihrer Arbeit nehmen können. Ich berichte von diesem Beispiel, um zu zeigen, dass auch in großen Organisationen die Beteiligung von Lehrern an der inhaltlichen Gestaltung der Unterrichtsbestimmungen möglich ist.

Um politisch wirken zu können, müssten sich Schulleiter, Lehrer und Eltern auf wenige Themen beschränken. Vorschläge sollten pragmatisch und konsensfähig sein. Wenn ich Schulleiter an einem staatlichen Gymnasium wäre, würde ich mich für vier Themen stark machen:

1. Kinder und Jugendliche brauchen Gemeinschaften Gleichaltriger, in denen sie unter Führung von Erwachsenen spielerisch aufwachsen können. Kirchen, Vereine und Großfamilien boten früher solche Gemeinschaften. Heute wachsen viele Kinder und Jugendliche in Zufallsgemeinschaften oder allein auf, sie sind dem Fernsehen, dem Computer, dem Internet und den zahlreichen Verführungen der Konsumwelt ausgeliefert. Die Einführung flächendeckender und verpflichtender Ganztagsschulen könnte diesem Mangel an gestalteten Gemeinschaften abhelfen, wenn sie dem Spiel und der Erlebnispädagogik viel Raum geben

würden. Ganztagsschule darf nicht heißen: den ganzen Tag Schule, sondern: vormittags Unterricht, gemeinsames Mittagessen, und der Nachmittag wird den Hausaufgaben und dem Spiel gewidmet. So bleibt viel Zeit für wichtige Aktivitäten wie Sport, Theater, Musik, Unternehmungen in der Natur, Handwerk und die spielerische Einübung von Politik in Form der Schülermitverantwortung. Als wesentliche Voraussetzung für das Gelingen der Ganztagsschule gilt, dass dieselben Erwachsenen, die morgens unterrichten, nachmittags als Partner im Spiel auftreten – nämlich die Lehrer.

Gewinner wären alle Kinder und Jugendlichen, besonders die vielen Einzelkinder, die Kinder aus der Unterschicht oder aus Migrantenfamilien. Gleichzeitig würden die berufstätigen Mütter, die vielen Alleinerziehenden und nicht zuletzt die Lehrer davon profitieren. Denn Lehrer können in der kindgerecht konzipierten Ganztagsschule mit daran arbeiten, den Erziehungsnotstand zu mindern, der häufig Ursache des Bildungsnotstandes ist. Die Ganztagserziehung wäre auch ein Weg, die Ungerechtigkeit der Bildungschancen zu korrigieren. Denn Lehrer könnten ihre Schüler in ihren besonderen Begabungen entdecken und fördern. Sie würden die Kinder nicht nur als Schulversager im Unterricht erleben, sondern als vielseitig begabte Schüler in vielfältigen Formen des Spiels. Kein Kind geht verloren, an das ein Lehrer glaubt. Um aber an ein Kind glauben zu können, darf ein Lehrer es nicht nur als Schulversager im Unterricht erleben.

Lehrer müssten natürlich einen festen Arbeitsplatz in der Schule bekommen, sie müssten von Unterricht entlastet werden, wenn sie nachmittags Sport mit Schülern treiben oder Theater spielen. Die Schulen müssten so eingerichtet werden, dass sich alle gern auch nachmittags dort aufhalten.

2. Seit Jahrzehnten diskutieren wir über die Alternative: dreigliedriges Schulsystem oder Gesamtschule (Gemeinschaftsschule). Weder das eine noch das andere System ist konsensfähig. Wir sollten einen pragmatischen Mittelweg beschreiten, der bereits in einzelnen Bundesländern – wie Sachsen und Hamburg – gegangen wird: Haupt- und Realschule sollten zusammengelegt werden und eine Schule bilden, aber mit eigener gymnasialer Oberstufe, die zum Abitur führt. Parallel dazu sollte das achtjährige Gymnasium angeboten werden.

3. Die Einführung des achtjährigen Gymnasiums sollte man nutzen, um diese Schulform wieder zu einer Bildungsstätte zu machen. Verbunden mit der Idee der Ganztagsschule könnte das Spiel wieder eine prominente Rolle im Bildungsprozess erlangen, das Theater, die Musik, der Sport, die Schülermitverantwortung und Unternehmungen in der Natur. Ein solches Gymnasium würde die Einheit von akademischer Bildung und Charakterbildung wiederherstellen und damit der Persönlichkeitsbildung den ihr gebührenden Rang einräumen.

Die Zeiten sind günstig, um politisch zu handeln. Die Einführung des achtjährigen Gymnasiums erhitzt zurzeit die Gemüter. Lehrer und Eltern sollten nicht klagen und protestieren, sondern zielgerichtet handeln. Sie sollten sich an den einzelnen Schulen und zwischen den Gymnasien einer Stadt, eines Landkreises und eines Bundeslandes auf eine Konzeption verständigen, die für eine begründete Veränderung dieser Schulform taugt. Die Bildungspolitiker werden sich solchen Initiativen nicht verschließen. Außerdem können Lehrer und Eltern so gemeinsam ihren Einfluss geltend machen und stärker auf die Politik einwirken.

4. Vielfach wird berechtigt gefordert, die Ausbildung von Lehrern zu reformieren. Sie bedarf in der Tat der Erneuerung, eine Reform würde aber zu lange dauern und die jetzt tätigen Lehrer nicht erreichen. Ich plädiere für eine Vermehrung und Erneuerung der Fortbildung. Sie sollte das Ziel verfolgen, neben akademischer Weiterbildung Verhaltenstraining, Verhaltensänderung, Coaching und Führungsseminare anzubieten und eventuell verpflichtend zu machen. Lehrer haben ein Recht auf erstklassige Fort- und Weiterbildung, wenn sie ihr Selbstverständnis ändern sollen.

Ich möchte mit einer Vorhersage schließen: Wenn sich das Selbstverständnis und die Rolle von Schulleitern und Lehrern so weit ändern, dass sie Führung akzeptieren als einen Weg, die Qualität von Schule zu verbessern, so werden wir vielen Reformideen der letzten dreißig Jahre zum Durchbruch verhelfen.

Und es gibt eine Hoffnung: Die Erkenntnis, dass gute Führung Segen bringt, hat auch die Schule erreicht. Wenn sich in Zukunft an Schulen eine Führungskultur entwickelt, dann werden Schulleiter und Lehrer auch Politik als ihre Aufgabe verstehen und sich für die Interessen der Schule stark machen. Victor Hugo wird der Satz zugeschrieben, nichts sei so erfolgreich wie eine Idee, deren Zeit gekommen ist. Ich glaube, dass die Zeit für gute Führung an Schulen gekommen ist.

Dank

Mein erster Danke gilt wieder meiner Frau. Sie hat mich zum zweiten Mal beim Verfassen meines Buches begleitet, anregend, kritisch und ermutigend. Durch ihr klares und ehrliches Urteil hat sie bewirkt, dass ich meine Zuversicht beim Schreiben nie verloren habe.

Michaela Röll von der Agentur Eggers & Landwehr und Bettina Eltner als Lektorin des Ullstein Verlags danke ich, dass sie mir, häufig gemeinsam, immer neue Gedanken, anschauliche Beispiele und ordnende Strukturen abgerungen haben. Mit ihrem kritischen Rat und ihren hilfreichen Ideen haben sie mein Schreiben gefördert. Bettina Eltner hat wieder als Anwältin der Leser streng und einfallsreich lektoriert.

Richard Dawkins

Der Gotteswahn

ISBN 978-3-548-37232-7
www.ullstein-buchverlage.de

»Religion ist irrational, fortschrittsfeindlich und zerstörerisch.« Richard Dawkins, einer der einflussreichsten Intellektuellen der Gegenwart, zeigt, warum der Glaube an Gott einer vernünftigen Betrachtung nicht standhalten kann. Ein wichtiges Buch, das zu einem brennend aktuellen Thema eindeutig und überzeugend Position bezieht – brillant und bei aller Schärfe humorvoll.

»Der Evolutionsbiologe Richard Dawkins hat das aufregendste Buch des Jahres geschrieben: Eine Generalabrechnung mit der Religion.« *Welt am Sonntag*

»Darf man aber dann noch sagen, dass es an ein Wunder grenzt, dass so ein vernünftiges Buch ein Bestseller ist?« *Der Tagesspiegel*

ullstein

US317

Peter Scholl-Latour

Rußland im Zangengriff

Mit 16 Seiten Farbabbildungen

ISBN 978-3-548-36979-2
www.ullstein-buchverlage.de

Seit der Implosion der Supermacht Sowjetunion haben sich die Gewichte der Welt nachhaltig verschoben. Zwar hat das russische Imperium unter Putin zu innerer Stabilität zurückgefunden, doch an seinen Außengrenzen brodelt es. Peter Scholl-Latour hat die russischen Grenzgebiete von Minsk bis Wladiwostok bereist. In gewohnt souveräner Manier schildert er seine Eindrücke und macht deutlich, wie sehr die Vorgänge in diesen Konfliktregionen uns unmittelbar betreffen.

»Auf ganz unpolitologische Weise kommen scharfe politische Analysen zustande, die sich so spannend und anregend wie ein Abenteuerbericht lesen.«
Frankfurter Allgemeine Zeitung

ullstein

US290